U0933700

供应链视角下的物流管理研究

李爱红　郭美娜　著

西北工業大學出版社

西　安

【内容简介】 本书内容包括物流系统规划与供应链管理基础理论、物流系统网络与节点规划、物流系统仓储与运输规划、物流配送系统规划、供应链下的信息管理研究、供应链管理下的采购管理研究、供应链下的物流管理研究以及供应链管理绩效评价与激励机制等8章。

本书可供从事相关工作的人员阅读、参考。

图书在版编目（CIP）数据

供应链视角下的物流管理研究 / 李爱红, 郭美娜著. — 西安 : 西北工业大学出版社, 2021.7
ISBN 978-7-5612-7840-6

Ⅰ. ①供… Ⅱ. ①李… ②郭… Ⅲ. ①供应链管理－研究②物流管理－研究 Ⅳ. ①F252.1

中国版本图书馆 CIP 数据核字(2021)第 151964 号

GONGYINGLIAN SHIJIAO XIA DE WULIU GUANLI YANJIU
供 应 链 视 角 下 的 物 流 管 理 研 究

责任编辑：付高明
责任校对：李阿盟
出版发行：西北工业大学出版社
通信地址：西安市友谊西路 127 号 邮编：710072
电 话：(029) 88493844 88491757
网 址：www.nwpup.com
印 刷 者：三河市悦鑫印务有限公司
开 本：710 mm×1 000 mm 1/16
印 张：12.75
字 数：208 千字
版 次：2022 年 1 月第 1 版 2022 年 1 月第 1 次印刷
定 价：79.00 元

如有印装问题请与出版社联系调换

前　言

随着世界经济的不断发展，在当前的社会环境下，企业之间的竞争也越来越激烈，然而在不断的竞争中，企业的生产效率和生产成本的优化已经达到了相当的高度。企业为了更好地提升自身的竞争力，纷纷将精力转向物流的开发和运营中，希望通过对物流的发展，提高自身的竞争优势。于是基于横向一体化（horizontal integration）的供应量管理（supply chain management SCM）思想更加明确地成为新的企业管理理念。

“物流系统规划”以及“供应链管理”这两门学科就是在这样的经济背景下诞生的。通过对物流系统的研究和分析，规划出最适合企业发展的物流策略，同时对供应链进行管理，保持同供应链上其他企业的良好关系，以此实现企业的经营目标。

物流系统规划包括对整个物流系统的所有作业流程进行规划，物流系统中的网络与节点、仓储、运输、配送等具体环节都是物流系统规划的重要组成部分。而供应链管理则是在供应链的管理模式下，对企业的信息状况、物流运营、采购、生产、库存等进行管理。

本书的内容主要分为两大部分，一部分是物流系统规划，另一部分是供应链的管理。本书的第一章总论的部分，主要对物流系统以及供应链的相关知识进行了简单的梳理和介绍，第二章到第四章是物流系统规划的内容，通过对物流系统的概述和介绍，详细研究了物流系统中的网络与节点的规划、仓储与运输的规划以及配送系统的规划。本书的第五章到第八章是有关供应链管理的内容，主要对供应链管理模式下的信息、采购、物流等内容的管理进行了探究，同时还对供应链管理系统进行了绩效评估，并介绍了对供应链管理进行评价的方法。

本书在写作过程中，主要体现出以下几方面的特点：

首先，本书具有现代性。物流系统和供应链管理都是当下企业生存发展过程中最重要的管理内容。同时，加强对物流系统和供应链模式的管理，也有助于当今社会整体经济的发展。

其次，本书具有实用性。本书在写作过程中，并没有使用过多的难以理解的专业词汇，而是以深入浅出的方式介绍了物流系统和供应链管理的相关内容，力求每一位读者都能独立理解书中的内容。同时，本书可以给物流相关专业的老师、学生以及在企业中从事相关工作的工作人员提供一定的指导和借鉴。

第三，本书还具有一定的创新性。在物流和供应链越来越成为世界经济关注的焦点的今天，对物流规划和供应链管理模式的绩效评估也成了物流领域中新的研究内容。本书也在绩效评估这方面进行了研究，分别对物流配送系统规划和供应链管理模式的绩效评估体制进行了简单的介绍和分析。

本书由李爱红与郭美娜合作完成。

在本书的写作过程中，参考了很多中外专家的研究成果和论文资料，在此，向这些专家和学者表示衷心的感谢。当然，由于时间和能力的限制，本书在写作过程中仍然不可避免存在一些不足之处，还请广大读者批评指正。

作　者

目　录

第一章 物流系统规划与供应链管理基础理论

现代物流是一个动态的、复杂的系统组合，并且各构成要素之间存在强烈的效益背反现象，往往随着消费需求、市场供给、购销渠道、商品价格等社会经济影响因素的变化，其系统内的各构成要素及运行方式经常发生变动。为实现社会经济的可持续发展，人们必须用系统的观点、系统的方法来对物流系统的各组成部分不断修改、完善，即重新规划设计物流系统，方能使物流活动按照人们设定的目标有序运行，达到系统整体的最优化。因此，对物流系统构成要素进行分析与诊断，对物流系统进行整体规划与优化设计，是推进物流系统化，构筑效率化物流系统，实现物流合理化、效率化的有效途径。

第一节 物流系统规划概述

从系统科学的角度来研究物流，是基于一个基本命题：系统是一切事物的存在方式之一，因而事物都可以用系统观点来考察，用系统方法来描述。从系统科学的角度来研究物流，目的不只是为了弄清楚物流系统的结构、状态、行为、功能等，更重要的是分析物流系统的控制机制与信息反馈过程，了解物流系统在内部动力和外部动力共同推动下的演化过程，以期能够控制物流系统的状态和演化方向。

一、物流系统

（一）物流系统的含义

所谓物流系统是指按照计划为达成物流目的而设计的相互作用的要素的统一体。其目的与作用是将货物按照规定的时间、规定的数量，以最合适的费用，准确无误地送达目的地，完成物品的使用价值的物理性转移，最终实现物品的社会价值。

（二）物流系统的特征

明确物流系统的特征有利于做好物流系统规划和设计，物流系统具有如下特征。

1．目的性

物流系统一定要有明确的目的，而且这个目的只有一个，就是保证将市场所需要的商品，在必要的时候，按照必要的数量送达到需求者的手中。物流系统的设计或者说将现存的物流结构向物流系统转变，首先必须明确物流系统的目的。

2．整体性

为保证物流系统目的的实现，构成物流系统的各个功能要素或者说子系统必须围绕着物流系统的目标相互衔接，构成一个有机的整体。相对于系统的目的来说，各项功能活动只是实现系统目标的手段。例如，运输本身不是目的，超过实际需求量的运输，即便是高效率的满载运输，对于物流系统来说都没有任何意义。在这个整体中，部分的合理化和最优化并不代表整体的合理化或最优化。

评价物流系统质量的高低很重要的一个标准体现在物流成本上，在保证物流系统目的实现的前提下，使物流总成本最低是我们构筑物流系统或者说实现物流系统的重要目的，为此，必须运用效益背反的原理对物流因素进行最佳结合。

3．服从性

企业物流系统的上位系统是企业的经营系统，物流系统是企业经营大系统的一部分或者说是其子系统，为企业经营大系统服务。物流系统目标的设定，如物流服务水准设定要以企业总体的经营目标，战略目标为依据，服从企业总体发展的要求。企业物流的最终目的是要促进企业的生产和销售，提高企业的盈利水平。

4．信息性

物流系统中各个环节的衔接配合离不开信息功能，信息是构成物流系统的核心要素，为使物流系统按预定目标运行，必须对物流系统运行中出现的偏差加以纠正，设计出来的物流系统在运行的过程中也需要不断完善，这些都需要建立在对信息充分把握的基础之上。

（三）物流系统运行的基本原理

物流系统具有输入、输出、处理（转化）、限制（制约）、反馈等功能。根据物流系统的性质，具体内容有所不同。

1．输入

输入也就是通过提供资源、能源、设备、劳力等手段对某一系统发生作用，统称为外部环境对物流系统的输入。包括原材料、设备、劳力、能源等。

2．处理（转化）

它是指物流本身的转化过程。从输入到输出之间所进行的生产、供应、销售、服务等活动中的物流业务活动称为物流系统的处理或转化。具体内容有：物流设施设备的建设；物流业务活动，如运输、储存、包装、装卸、搬运等；信息处理及管理工作。

3．输出

物流系统与其本身所具有的各种手段和功能，对环境的输入进行各种处理后所提供的物流服务称为系统的输出。具体内容有：产品位置与场所的转移；各种劳务，如合同的履行及其他服务等；信息，场所时间性质效用、成本费用等。

4．限制或制约

外部环境对物流系统施加一定的约束称之为外部环境对物流系统的限制和干扰。具体有：资源条件，能源限制，资金与生产能力的限制；价格影响，需求变化；仓库容量；装卸与运输的能力；政策的变化等。

5．反馈

物流系统在把输入转化为输出的过程中，由于受系统各种因素的限制，不能按原计划实现，需要把输出结果返回给输入，进行调整，即使按原计划实现，也要把信息返回，以对工作做出评价，这称为信息反馈。信息反馈的活动包括：各种物流活动分析报告；各种统计报告数据：典型调查；国内外市场信息与有关动态等。

（四）物流系统的结构

系统的结构就是构成系统的要素及其之间的相互联系、相互作用的方式或形式，是系统保持整体实现功能的内在基础。物流系统是由物流要素组成的，这些要素可以组成的结构类型很多，例如，物流系统的流动结构、功能结构、供应链结构、网络结构、产业结构等。

1. 物流系统的流动结构

物流系统就像是一个完整的流，它具有流的五个流动要素：流体、载体、流向、流量、流程。物流的五个流动要素是相关的，流体的自然属性决定了载体的类型和规模，流体的社会属性决定了流向、流量和流程，流体、流量、流向和流程决定采用的载体的属性，载体对流向、流量和流程有制约作用，载体的状况对流体的自然属性和社会属性均会产生影响。由此，对于物流系统应该根据流体的自然属性和社会属性，流向、流程的远近和具体运行路线，以及流量的大小与结构来确定载体的类型与数量。在网络型的物流系统中，一定的流体从一个点向另一个点转移时经常会发生载体变换、流向变更、流量分解与合并、流程调整等情况，如果这种调整和变更是必要的，那么也应该减少变换的时间、减少环节、降低变换的成本等。

2. 物流系统的功能结构

物流系统的基本功能要素包括运输、仓储、包装、装卸搬运、流通加工、配送和物流信息处理等。这些功能要素之间相互联系、相互作用，它们的组合方式以及时空关系的表现形式形成了物流系统的功能结构。一般而言，物流运作各个阶段都要具备的功能首先是运输，然后是储存。运输创造了“物”的空间价值，仓储创造了“物”的时间价值，装卸搬运功能伴随运输方式或运输工具的变换、物流作业功能之间的转换而产生。物流中的包装功能、流通加工功能是在流通过程中才发生的，但也不是每一个物流系统都需要进行的作业。现代物流业具有复合功能，即一般是由两个以上基本功能构成。

3. 物流系统的供应链结构

通常，供应链由原材料供应、生产、流通、消费四个基本环节组成，在每一个环节中都有物流活动的支持。因此，整个供应链的物流系统就由原材料供应物流系统、生产物流系统、流通物流系统和消费物流系统组成。在原材料供应阶段，从原材料产地到需求地，需要进行原材料的运输、储存、装卸搬运、加工、包装、原材料物流信息处理等作业。企业采购原材料后，储存在仓库中，在生产线上原材料被加工成半成品，半成品进一步被加工成成品，半成品和成品都要储存在企业的仓库中，只有在采用“即时制”生产的企业，产成品才会在生产出来之后不经入库储存而立即被装车发运，这是生产物流系统。零售店从制造商采购商品后，由供应商从物流中心或配送中心发货到零售店的配送中心，在此配送中心要进行一些流通加工，销售时再从配送中心提货陈列在柜台上，这是流通物流系统。消费者购买商品后可能会有退货、换货等，零售店接受消费者的退货后暂存，然后再退给供应商或者处理掉，这就是消费过程中的物流系统或者是废弃或回收物流系统。

4．物流系统的网络结构

任何物流系统都可抽象成不同类型的网络。网络由两个基本要素组成：点和线。在物流系统中供流动的商品储存、停留，以及进行后续作业的场所称为点，如工厂、商店、仓库、配送中心、车站、码头等，点是物流基础设施比较集中的地方。连接物流网络中点的边称为线。点和线结合在一起，构成了物流系统的网络结构，具体指货物从供应地到需求地的流动结构。将货物从供应地运送到需求地可采用两种基本的物流网络形式，一种是直送形式，另一种是经过物流节点的形式，其他形式都是这两种基本形式的组合。

5．物流系统的产业结构

物流系统的产业结构可以从以下两个方面划分：一是按照物流业务环节划分，可分为运输业、仓储业、包装业、装卸业、流通加工业、邮政业、物流信息业等；二是按照物流业务组织化程度划分，可分为第一方物流、第二方物流、第三方物流、第四方物流等。

二、物流系统规划设计

（一）物流系统规划的意义

物流系统规划是指确定物流系统发展目标和设计达到目标的策略与行动的过程。物流系统是一个涉及领域非常广泛的综合系统，它涉及交通运输、货运代理仓储管理、流通加工、配送、信息服务、营销策划等领域。物流系统又是一个开放的复杂系统，影响其发展的内外部因素多且变化大，其依托的外部环境的变化也有很大的不确定性，因此，不论是改进现状物流系统还开发新物流系统，进行物流系统规划都显得尤为重要。

（二）物流系统规划设计的原则

1．开放性原则

物流系统的资源配置需要在全社会范围内寻求。

2．物流要素集成化原则

物流要素集成化是指通过一定的制度安排，对物流系统功能、资源、信息、网络等要素进行统一规划、管理、评价，通过要素间的协调和配合使所有要素能够像一个整体在运作，从而实现物流系统要素间的联系，达到物流系统整体优化的目的的过程。

3．网络化原则

网络是指将物流经营管理、物流业务、物流资源和物流信息等要素的组织按照网络方式在一定市场区域内进行规划、设计、实施，以实现物流系统快速反应和最优总成本等要求的过程。

4．可调节性原则

能够对市场需求的变化以及经济发展的变化，及时应对这些变化。

（三）物流系统规划设计的影响因素

物流系统的规划与设计是为了更好地配置系统中的各种物流要素，形成一定的物流生产能力，使之能以最低的总成本完成既定的目标。因此，在进行物流系统规划与设计时，有必要考察分析其影响因素，从而做出合理的物流规划与设计方案。影响物流系统规划与设计的主要因素有以下几点。

1．物流服务需求

物流服务需求包括服务水平、服务地点、服务时间、产品特征等多项因素，这些因素是物流系统规划与设计的基础。由于物流市场和竞争对手都在不断地发生变化，为了适应变化的环境，满足物流服务需求，必须不断地改进物流服务条件、服务环境，以寻求最有利的物流系统，支持市场发展前景良好的物流服务项目。

2．行业竞争力

物流系统规划与设计就是要寻求最大的竞争优势，为此必须考虑物流服务成本的合理性，协调物流节点能力与市场要求之间的关系，降低成本，以获取最大的竞争优势。为了成为有效的市场参与者，在进行物流系统规划与设计时需要对竞争对手的物流竞争力进行详细分析，掌握行业基本服务水平，寻求自己的物流市场定位，从而发展自身的核心竞争力，在此基础上构筑合理的物流系统。

3．地区市场差异

物流系统中物流节点结构直接同客户的特征有关，如地区人口密度、交通状况、经济发展水平等，这些都在一定程度上影响着物流节点规划设计的决策。

4．物流技术发展

信息技术、网络技术等对物流发展具有革命性的影响，及时、快速、准确的信息交换可以随时掌握物流动态，不但改进了物流系统的实时管理控制及决策，而且为实现物流作业一体化、提高物流效率奠定了基础。

5．流通渠道结构

流通渠道结构是由买卖关系组成的企业间的商务关系，而物流活动是伴随着一定的商务关系而产生的。因此，为了更好地支持商务活动，物流系统的构筑应考虑流通渠道的结构。

6．经济发展

经济发展水平、居民消费水平、产业结构直接影响着物流服务需求的内容、数量、质量。而集货、运输、配载、配送、中转、保管、包装、装卸、流通加工和信息服务等构成现代物流活动的主要内容。为此，物流系统的规划与设计应适应物流服务需求的变化，不断拓展其功能，以满足经济发展的需求。

7．法规、财政、行业标准等

物流系统的各种活动必须与国家的运输法规、税收政策。行业标准等相适应，因此这些因素也在一定程度上影响着物流系统的规划与设计。

（四）物流系统规划设计的内容与层次

物流系统规划与设计是以一定区域或一定范围的物流系统布局为对象的。由于观察与分析的对象不同，分析问题的视角不同，物流系统规划与设计的方法与内容也有所区别，因此常有不同的划分。

1．按经济区域划分

按照规划所涉及的经济部门、经济区域，物流系统规划可分为宏观物流系统规划、中观物流系统规划和微观物流系统规划。其中，中观物流系统规划包括区域和城市物流系统规划、产业物流系统规划；微观物流系统规划则包括了企业物流系统规划、物流企业系统规划。

（1）宏观物流系统规划。

宏观物流系统规划着重于以物流基础节点和物流基础网络为内容的物流基础平台规划。物流基础平台的规划包括铁路、公路、航空、水路等线路的规划，不同线路的合理布局，综合物流节点、物流中心的规划，以及相应的综合信息网络的规划。

（2）区域和城市物流系统规划。

区域物流系统规划着重于地区或城市物流基地、物流中心、配送中心三个层次的物流节点以及综合物流园区的规模和布局的规划。物流基地、物流中心、配送中心三个层次的物流节点是区域和城市物流的不同规模、不同功能的物流节点，也是区域和城市物流系统规划中较大规模的投资项目。这三个层次物流节点的规划是区域、城市物流系统运行合理化的重要基础。

（3）产业物流系统规划。

在物流基础平台之上，将有大量的企业和经济事业单位进行物流运作，如供应、分销、配送、供应链、连锁经营等。要使这些运作做到合理化和协调发展，需要有规划的指导。产业物流系统规划，也称经济运行部门物流规划，是指国家的主要经济部门进行的物流规划，例如，商贸业物流规划、医药业物流规划、汽车业物流规划、烟草业物流规划等。产业物流系统规划是基于本产业所制定的特定物流规划，实际上是一种供应链规划，着重于采购、生产、分销、配送等供应链环节的流程设计、物流设施布局规划和供应链管理规划。

（4）企业物流及物流企业系统规划。

企业物流及物流企业系统规划是微观层面的物流系统规划，其主体是企业。企业物流及物流企业系统规划以上述物流系统规划为基础，上述物流系统规划最终是为企业物流及物流企业系统规划服务的。企业物流系统规划包括生产企业、销售企业、服务企业等的物流系统规划，而物流企业系统规划则主要指专门从事物流服务的企业系统规划，即第三方物流系统规划。不同类型的企业物流系统规划的要求不同。因此，企业物流系统规划更要关注差异性和多样化。当前，企业物流系统规划的理念在不断发展，从“营销支持”和“流程再造”角度进行物流系统规划，会有效提高企业的素质，增强企业的运营能力。

2．按物流系统规划与设计的层面划分

按照物流系统规划与设计的层面，物流系统规划与设计可以分为物流系统战略层、物流系统营运层和物流系统操作层的规划与设计，如表 1-1 所示。物流系统战略层面规划的主要任务是对物流系统的建设与发展做出长远的、总体的谋划，即长远规划。物流系统营运层面规划的主要任务是对物流系统营运进行规划及设计，即物流运作方案策划、物流营运系统设计，是物流系统战略规划的实施与落实。物流系统操作层面规划的具体任务是利用战略规划和系统设计所确定的物流渠道，快速、有效地仓储、包装、装卸、搬运和运送产品。

表 1-1　物流系统规划与设计的三个层面

系统层次 物流职能	战略层面	营运层面	操作层面
选址	设施的数量、规模和位置	库存水平定位	路线选择、发货、派车
运输	选择运输方式	运输服务内容	确定补货数量和时间表
订单处理	选择和设定订单绿如系统	确定处理客户订单先后顺序	发出或接受订单
客户服务	设定标准	贯彻执行	具体操作执行
仓储	物流网络布局及仓储地址选址	仓库设置布局，存储空间选择	订单履行、收发货物、货物维护与保养
采购	制定采购政策	选择、管理供应商	洽谈合同、发出订单

三、物流系统规划的基本原理

物流系统是一个大系统，地域跨度大、时间跨度大、行业跨度大。物流系统又应是一个动态系统，是一个具有满足社会需要、适应环境能力的系统。物流系统的这种规模庞大、结构复杂、目标众多的特点给物流系统规划提出了较高的要求，结合国内外研究成果，借鉴已有成熟的系统规划经验，物流系统规划应该遵循物流系统分析原理、物流供需平衡原理、供应链一体化原则和物流成本效益评价原理等四大基本原理。

（一）物流系统分析原理

应用系统分析方法对物流系统进行研究是系统规划的核心思想方法物流系统分析可以了解物流系统各部分的内在联系，把握物流系统行为的内在规律性。所以说，不论从系统的内部或外部，设计新系统或是改造现有系统，系统分析都是非常重要的。

1．系统分析与物流系统分析

用系统观点来研究物流活动是现代物流学的核心思想。系统分析在选定系统目标和准则的基础上，分析构成系统的各级子系统的功能和相互关系以及系统与环境的相互影响，运用科学的分析工具和方法，对系统的目的、功能、环境、费用和效益进行充分的调研、比较、分析和研究，并建立若干替代方案和必要的模型，进行系统试验，把试验、分析、计算的各种结果同早先制订的计划进行比较和评价，寻求使系统整体效益最佳和有限资源配备最佳的方案，为决策者的决策提供科学依据和信息。

物流系统分析是指在特定的时间和空间里，对其所从事的物流服务及其过程作为一个整体来处理，以系统的观点、系统工程的理论和方法进行分析研究，以实现其空间和时间的经济效应。

2．物流系统分析的原则与内容

物流系统分析作为决策的手段，其主要目的在于通过分析比较各种物流活动方案的有关技术经济指标，为决策者提供直接判断和决定最优方案的信息和资料，以便获得最优物流系统方案。物流系统分析是以物流系统整体效益最优为目标，以寻求解决特定问题的最优策略为重点，运用定性和定量分析方法，给予决策者以价值判断，以求得有利的决策。实践证明，对像物流系统这样技术比较复杂、投资费用大、回收周期长、存在不确定的相互矛盾因素的系统，系统分析更是不可缺少的一环。只有做好了系统分析工作，才能获得良好的系统设计方案，才不至于造成技术上的大量返工和经济上的重大损失。

物流系统分析应强调科学的推理步骤，使所研究物流系统中各个问题的分析均能符合逻辑和事物的发展规律，而不是凭主观臆断和单纯经验；物流系统分析应运用数学方法和优化理论，从而使各种替代方案的比较不仅有定性的描述，而且基本上都能定量化，对于非计量的有关因素，则运用直觉、判断及经验加以考虑和衡量；物流系统分析，必须处理好外部条件与内部条件、当前利益与长远利益、子系统与整个系统、定量分析与定性分析等相结合的关系。这些是物流系统分析是应当遵守的原则。

物流系统分析的内容包括对现有系统的分析和对新开发系统的分析。

（1）对现有系统的分析。

对现有系统作进一步的认识，使系统尽可能实现最优运转。为了使现有系统更好地适应发展的需要，在进行系统分析时既要注意对系统的外部进行分析，又要注意对系统内部进行分析。

对系统外部的分析，主要是根据国内外经济科技形势，研究本系统在环境中的地位、当前国家对本系统的政策以及与本系统经营活动有关的各方面的状况，如生产力与资源分布、物流市场和货源、制造业的生产与技术水平等等。

对系统内部的分析，主要是计划安排、生产组织、设备利用、原材料供应、物流需求、劳动力状况、成本核算及财务收支等等。

（2）对新系统的分析。

新系统的系统分析内容可以是新系统的投资方向、工程规模、物流供应链上各环节的布局、物流节点选址、物流系统的功能、设备设施的配置、物流系统的管理模式等等。

3. 物流系统分析的要点和步骤

（1）物流系统分析的要点。

物流系统分析非常注重逻辑推理，系统分析人员要不断地提出一系列的为什么，直到问题取得圆满的答复。分析的要点见下表。

表 1-2　物流系统分析要点

分析内容	第一次提问	第二次提问	第三次提问
对象	做什么	为什么做这个	对象是否都已经清楚
目的	是什么	为什么是此目的	目的是否已经明确
地点	在何处做	为什么在此处做	有无其他更合适的地点
时间	在何时做	为什么在此时做	有无其他更合适的时间
人员	由谁做	为什么由此人做	有无其他更合适的人选
方法	怎样做	为什么由此方法做	有无其他更合适的方法

系统分析首先回答是什么，然后再回答为什么，还要进一步分析有无替代方案。只有圆满的回答了以上的提问，才能对系统的开发目的、系统的开发地点、系统的开发时间、系统的开发人员、系统开发方法有一个完

整、清晰的答案。

（2）物流系统分析的步骤。

物流系统分析的步骤，大致分为：问题构成范围—确定目标—收集资料—拟订可行方案—建立模型—分析方案指标—综合评价等。它是一个连续的循环。

（二）物流供需平衡原理

物流规划的主要目的是解决如何提供物流供应满足物流需求的要求。物流的供应与需求的平衡是一个基本指导思想。应用供需平衡原理规划设计物流系统，能保证以尽可能少的投入最大限度地满足物流发展的要求。

1. 物流供应

物流供应是城市商流的后勤或支援，物流供应包括交通运输等路径的供应和物流园区等节点的供应。交通运输等路径的供应主要指运输网络中线路、车站、码头等设施能力及服务水平，物流节点的供应主要指物流活动中所进行的包装、装卸、保管和流通加工等设施设备的容量及服务水平。

2. 物流需求

物流需求是社会经济活动特别是制造与经营活动所派生的一种次生需求。物流需求包括物的位移及其相关服务（含信息）方面的需要。物资的流动是由于社会生产与社会消费的需要，它是受生产力、生产资源分布、生产制造过程、消费分布、运输仓储布局等因素的影响的。物流与社会生产、经济生活有着密切的联系，社会劳动生产率的提高、经济发展的增长、收入与消费的增加以及新的政策的实施等等都会使物流需求发生变化；人们生活方式、消费习惯的不同，物流基础设施的制约以及供应链企业间的平行、垂直和重叠关系的相互影响又使物流需求在一定趋势变化基础上相对物流供应上下波动。宏观上，经济建设与发展的不同阶段对物资需求的数量、品种、规模是不同的。微观上，物流需求的数量和品种往往随季节性变化，此外，现代科技更新周期的不断缩短和人们消费观念的日益变化，也提高了物流需求随时间变化的敏感性。生产力布局、社会经济水平、资源分布、用地规模使物流需求呈现出地域差异和分布形态差异。

（三）物流成本效益分析原理

物流成本按其范围来分，有广义和狭义之别。狭义的物流成本是指由于物品实体的位移而引起的有关运输、包装、装卸等成本。广义的物流成本是指包括生产、流通、消费全过程的物品实体与价值变换而发生的全部成本，具体包括从生产企业内部原材料的采购、供应开始，经过生产制造过程中的半成品存放、搬运、装卸、成品包装及运送到流通领域，进入仓库验收、分类、储存、保管、配送、运输，最后到消费者手中的全过程发生的所有成本。

然而，物流成本的计算是难以辨认的。由于物流成本没有被列入企业的财务会计制度，制造企业习惯将物流费用计入产品成本，商业企业则把物流费用与商品流通费用混在一起。因此，无论是制造企业还是商业企业，不仅难以按照物流成本的内涵完整地计算出物流成本，而且连已经被生产领域或流通领域分割开来的物流成本，也不能单独正式地计算并反映出来。

物流长期以来被认为是经济领域的“黑暗大陆”，同时又被认为是企业第三利润来源，而物流成本管理则由于对费用了解和认识很少，具有很大的不确定性。物流成本之间存在权衡规律。在物流功能之间，一种功能的削减会使另一种功能成本增多。因为各种费用相互关联，必须考虑整体的最佳成本。物流成本管理就是对所有这些成本进行计划、分析、核算、控制与优化以达到降低物流成本的目的。物流成本管理的目的是要将混入其他费用科目的物流成本全部抽取出来，使人们能够清晰地看到潜藏的物流成本；以便降低成本。

物流作为生产在流通领域的继续，是创造价值的，这主要是通过节约成本费用而创造的。但这并不是说物流成本越高，物流所创造的价值就越高。因为物流并不能创造新的使用价值，物流成本只是社会财富的一种扣除，再加上长期以来人们对物流活动普遍重视不够，大部分物流成本得不到揭示，使得物流方面的浪费现象严重，直接影响了经济效益。因此，加强物流成本管理，特别是把现代成本管理模式融入物流成本管理中，进而形成新的物流成本管理模式，不断降低物流成本。提高经济效益。

第二节　物流系统战略的规划的制定与实施

一、物流系统战略规划的形成方法和制定方式

（一）战略规划的形成方法

类型与规模不同，以及管理人员层次不同，会导致物流系统战略形式的不同。小规模的物流系统，所有者兼任管理人员，其战略一般都是非正

式的，主要存在于管理者的头脑之中，或者只存在于与主要下级人员达成的口头协议之中。而在大规模的公司之中，战略是通过各层管理人员广泛的参与，经过详细复杂的讨论和研究，有秩序、有规律地形成的。根据不同层次管理人员介入战略分析和战略选择工作的程序，可以将战略形成的方法分为四种形式。

1．自上而下的方法

这种方法是先由总部的高层管理人员制定物流系统的总体战略，然后由下属各部门根据自身的实际情况将物流系统的总体战略具体化，形成系统的战略方案。这种方法最显著的优点是，物流系统的高层管理人员能够牢牢把握整个系统的经营方向，并能对下属各部门的各项行动实施有效的控制。这种方法的缺点是，要求物流系统的高层管理人员制定战略时必须深思熟虑，战略方案务必完善，并且还要给下属各部门提供详尽的指导。同时，这种方法也约束了各部门的手脚，难以发挥中下层管理人员的积极性和创造性。

2．自下而上的方法

这是一种先民主后集中的方法，在制定战略时，物流系统最高管理层对下属部门不做硬性规定，而是要求各部门积极提交战略方案，物流系统最高管理层在各部门提交战略方案的基础上，加以协调和平衡，对各部门的战略方案进行必要的修改后加以确认。这种方法的优点是，能够充分发挥各个部门和各层管理人员的积极性和创造性，集思广益。同时，由于制定的战略方案有广泛的群众基础，在战略实施过程中也容易得到贯彻和落实。方法的不足之处是，各部门的战略方案难以协调，影响了整个战略实施计划的系统性和完整性。

3．上下结合的方法

这种方法是在战略制定的过程中，物流系统最高管理层和下属各部门的管理人员共同参与，通过上下各层管理人员的沟通和协商，制定出适宜的战略。这种方法的主要优点是，可以产生较好的协调效果，制定出的战略更加具有可操作性。

4．战略小组的方法

这种方法是指物流系统的负责人与其他的高层管理者组成一个战略制定小组，共同处理企业所面临的问题。在战略制定小组中，一般都是由总经理任组长，而其他人员的构成则具有很大的灵活性，由小组的工作内容而定，通常是吸收与所要解决的问题关系最密切的人员参加。这种战略制定方法目的性强，效率高，特别适宜制定产品开发战略、市场营销战略等特殊战略。

（二）战略规划的制定方式

1. 支持方式

使用支持方式制定战略，管理者将不必亲自参与战略制定的各个细节。这种战略制定的方式是鼓励组织的个人和团体通过自己的努力制定、支持并宣传及实施组织的战略。在这种方式下，物流系统战略的许多重要部分都来自“做的人”和“快速跟踪者”。执行经理人员扮演评判员的角色，他们对那些需要得到他们批准的战略建议进行评审。这种方式在那些大型的多元化经营的公司中很奏效，因为在这种物流系统中，物流系统首席执行官不可能对各个业务部门制定出来的战略部分亲自进行协调。总部执行经理要想利用组织中那些能够洞察出他们所不能洞察出的战略机会的人员，他们就必须把制定战略的一些主动性下放给业务层次的管理者。总公司层次的管理者可以清晰地阐述一般的战略主题并将其作为战略思维的指导原则，但是卓越的战略制定工作的关键是激励并奖励热情的支持者所洞悉出来的各种全新的战略行动。他们或许会深深地了解某个机会，认为完全要追寻这个机会。在这种方式下，总战略最后会成为组织中支持的战略行动的集合，并且得到组织上层执行经理人员的批准。

2. 合作方式

这是战略制定的中间道路的方式。管理者在制定一致的战略时获得同事和下属的支持与帮助，最后得到的战略是参与者联合工作的结果，其中大家所做的合作努力由负责的管理者个人来领导。合作方式最适合下列情形：战略问题涉及多个传统的职能领域和部门组织，必须从有着不同背景、技能和观点上的人身上充分挖掘出战略观点和解决问题的技巧，战略制定时让尽可能多的人员参与，并获得执行的权力。让团队来分析复杂的形势，寻找市场驱动性和客户驱动性解决方案的必要性在很多公司越来越明显了。战略问题常常还会跨越几个职能领域和部门组织，因此，必须要求交叉领域的专家共同做出贡献，要求组织中不同部门的管理者进行充分的合作，最后再决定谨慎周全的战略行动。

二、物流系统的战略的制定模式

物流系统战略制定模式没有现成的范例可以遵循，同时也没有必要遵循范例来行事。这里介绍两种战略规划模式，供大家参考。

（一）以差异分析为中心的战略规划模式

差异化战略就是企业设法使自己的产品或服务乃至经营理念、管理方法、技术等有别于其他企业，在全行业范围内树立起别具一格的经营特色，从而在竞争中获取有利地位。追求市场差异化也是大多数公司所追求的目标，以便在市场上获得更大的竞争优势，赚取更多的经济利润。

这种规划模式首先是确定目标，这是由股东的期望和管理者的价值观决定的。目标的差别和当前及预期增长决定了应当填补的规划差异的规模。在此基础上，运用 SOWT 分析方法，详细分析公司的优势与劣势、环境的机会与威胁，在这里，要特别注意规划中存在的特殊问题，然后确定物流系统的战略、实施计划和实施控制，最后获得经营结果。这将反过来印证是否达到股东和管理者的期望。

（二）以市场优势及吸引力为中心的战略规划模式

这种规划模式与上述规划模式的区别是，首先需要确定物流所处的市场环境，主要从外部人手开始分析所处的外部环境，并结合股东和高层管理者的期望，然后确定物流系统的使命、政策、目标、方案等。在此基础上，制定物流系统战略实施计划并编制战略实施的预算。最后通过实施战略取得所期望的经营结果。这些过程是环环相扣、相互关联的，这种规划模式目前在制定物流战略上被广泛采用。

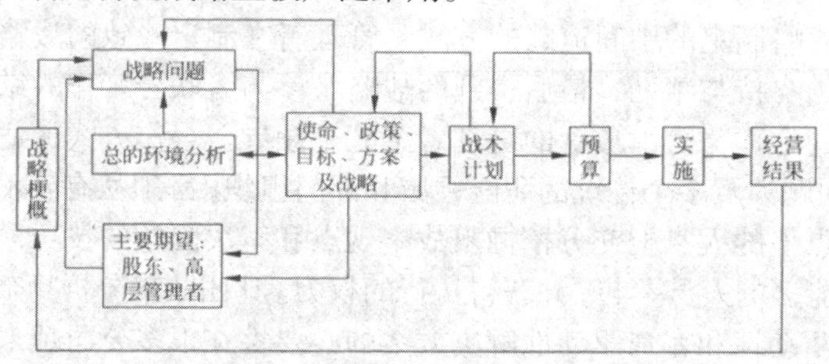

图 1-1　以市场优势及吸引力为中心的战略规划

当然也没有必要非从市场模型开始。一些公司使用此模式的基本方法提出如下命题：我们现在的战略是什么？它们是否适用于将来？什么样的行动才是可行的？怎么做才能发挥我们的优势而避开我们的劣势呢？

以市场优势及吸引力为中心的战略规划模式如图 1-1 所示。

三、物流系统战略规划的实施

（一）物流系统战略规划的实施要素

实施物流系统战略规划关键要素的选择对物流系统战略目标的实现具有重要的作用。企业物流系统战略规划实施要素如图 1-2 所示。

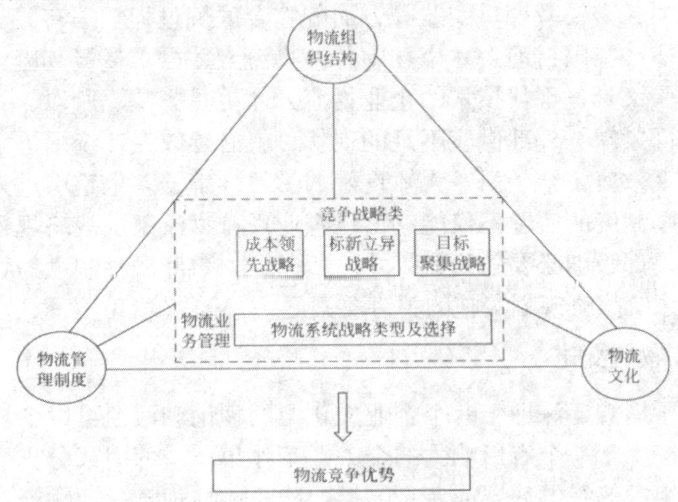

图 1-2　物流系统战略规划实施要素

1. 物流组织结构

如果要使物流系统战略规划成功非常关键的方面是拥有所需的资源、决策影响力和组织影响力，那么它们就不得不在组织规划中占据中心位置。换句话说，就是一个新的或变化后的物流系统战略规划会导致新的或不同的关键性物流活动、物流工作人员的胜任能力或才能，因此就需要新的不同的组织结构安排。所以，物流组织结构的构建是实施物流战略的首要要素。

2. 物流管理制度

建立一支有能力的物流管理队伍是物流系统战略规划实施的重要基础要素，战略实施者们必须决定实施战略所需的核心工作队伍的类型，然后寻求合适的人来填充每个职位。有时现存的物流工作团队就很合适，我国企业存在许多传统模式下的物流工作人员，比如采购部门的物料采购人员，销售部门的产品配送人员等，他们的许多工作就承担着现代物流的部分功能，在物流人才总体缺乏的大环境下，要想找到适合本企业的一线物流人才是非常困难的，所以企业物流人才的开发首先应该从这一部分员工人手，利用他们多年从事本部门工作的实践经验，从一线培养基层的现代物流人才，所以物流人事制度的建立起了重要的作用。另外，由于现代物流概念在西方发达国家已经有半个世纪的发展历史，而在中国兴起也就 10 年左右的时间，真正引起广泛重视只有 5 年的时间，所以物流人才的成长需要时间的积累，需要教育、实践等方面的综合锻炼过程。据有关物流网站的统计与调研，我国目前人才市场中各种物流人才需求量极其庞大，尤其是既具备经验又具备现代技术的企业物流人才更是紧缺。所以，企业针对这样一种内部紧缺、外部供应不足的现状，就必须改变传统引进人才的思路，重视长期效应，给予引进人才良好的学习环境，多渠道引进人才。这样，企业激励制度的实施不仅能够留住企业现有物流系统战略规划实施的人才，也能从外部吸纳必要的物流人才。所以，人事和激励制度等物流管理制度是物流系统战略规划实施的关键要素之一。

3．物流文化

众所周知，深埋于一个企业文化中的理论和习惯可以各自生根发芽，它可以产生于一个有影响力的个人、工作集体、部门或分支机构，也可以产生于组织等级的底层或者是高层。隐含或显现于一项物流系统战略中的哲学、目标和实践可以与一个企业的文化一致，也可以不尽相同。但物流系统战略与相应物流文化间的密切匹配关系会促进战略的实施和更好地执行战略，而两者间的不匹配则会形成障碍。物流战略与物流文化间的匹配关系越强，企业的物流经理们就可以越少地依赖政策、规定、程序和监督以强化物流工作人员应该做什么和不应该做什么，而由于文化准则得到遵守，以至于它们可以自动地指导行为，所以物流系统战略规划实施过程中文化要素是最重要的保障。

（二）物流系统战略规划实施的阶段

物流系统战略规划在实施之前只是纸面上的或人们头脑中的东西，而物流系统战略规划的实施是战略管理过程的行动阶段，因此它比战略的制定更加重要，在将物流系统战略规划转化为战略实施的过程中，有四个相互联系的阶段。

1．战略的发动

在这一阶段中，物流系统的领导人要研究如何将物流系统战略的理想变为大多数员工的实际行动，调动起大多数员工实现新战略的积极性和主动性，这就要求对物流系统管理人员和员工进行培训，向他们灌输新的思想和新的观念，提出新的口号和新的概念，消除一些不利于战略实施的旧观念和旧思想，以使大多数人逐步接受一种新的战略。对于一个新的战略，在开始实施时会有相当多的人产生各种疑虑，而一个新战略往往要将人们引入一个全新的境界。如果新战略没有得到员工的充分认识和理解，它就不会得到大多数员工的拥护和支持。因此，战略的实施是一个发动广大员工的过程，要向广大员工讲清楚企业内外环境的变化给物流系统带来的机遇和挑战，旧战略存在的各种弊病，新战略的优点以及存在的风险等，使大多数员工能够认清形势，认识到实施战略的必要性和迫切性，树立信心，打消疑虑，为实现新战略的美好前途而努力奋斗。在发动员工的过程中，需要努力争取战略的关键执行人员的理解和支持，物流系统的领导人要考虑机构和人员的认识调整问题以扫清战略实施的障碍。

2．战略的实施计划

将物流系统战略分解为几个战略实施阶段，每个战略实施阶段都有各自的目标、政策措施、部门策略以及相应的方针等。要定出分阶段目标的时间表，要对各阶段目标进行统筹规划、全面安排，并注意各个阶段之间的衔接，对于远期阶段的目标方针可以概括一些，但是对于近期阶段的目标方针则应该尽量详细一些。在战略实施的第一阶段，新战略与旧战略应该有很好的衔接，以减少阻力和摩擦，第一阶段的分目标及计划应该更加具体化和可操作化，应该制定年度目标、部门策略、方针与沟通等措施，使战略最大限度地具体化并变成企业各个部门可以具体操作的业务。

3．战略的运作

物流系统战略的实施运作主要与下面六个因素有关：各级领导人员的素质和价值观念、物流系统的组织机构、物流系统文化、资源结构与分配、信息沟通和控制及激励制度。通过这六个因素使战略真正进入物流系统的日常生产经营活动中，成为制度化的工作内容。

4．战略的控制与评估

战略是在变化的环境中实践的。物流系统只有加强对物流系统战略执行过程的控制与评价，才能适应环境的变化，完成战略任务。这一阶段的工作重点主要是建立控制系统、监控绩效和评估偏差、控制及纠正偏差三个方面。

第三节　供应链管理的概念与内容

近年来，随着全球制造的出现，供应链在制造业管理中得到普遍应用，成为一种新的管理模式。目前国际市场竞争不断加剧、经济及用户需求等的不确定性的增加，技术的迅速革新等都促使人们广泛关注供应链管理。但究竟什么是供应链？什么是供应链管理呢？二者之间到底是什么样的关系呢？为了更好地了解供应链管理，我们首先来了解供应链和供应链管理的含义。

一、供应链管理的概念

（一）供应链的含义

供应链（supply chain，sc）是指围绕核心企业，通过对信息流、物流、资金流的控制，将产品生产和流通中涉及的原材料供应商、制造商、分销商、零售商以及最终用户连成一体的功能网链结构（见图 1-3）。它既是一条从供应商的用户的物流链，又是一条价值增值链，因为各种物料在供应链上移动，是一个不断增加其市场价值或附加价值的增值过程。它是一种新的组织结构模式。

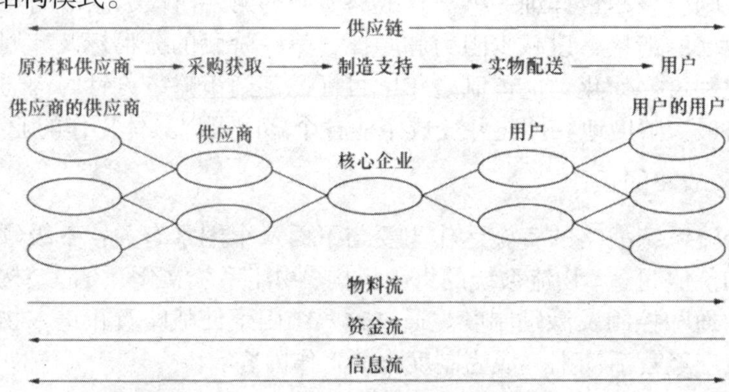

图 1-3　功能一体网络结构图

供应链的概念注重围绕核心企业的网链关系，每一个企业在供应链中都是一个节点，节点企业之间是一种需求与供应的关系。每个节点企业既是其客户的供应商，又是其供应商的客户。对于核心企业来说，供应链是连接供应商、供应商的供应商以及用户的网链。

从组织内部来看，供应链包括采购、制造、分销等部门；而从组织外部来看，供应链包含了原材料供应商、制造商、销售商、最终用户。

（二）供应链管理的含义

供应链管理（supply chain management，SCM）则是对供应链中的物料流、信息流、资金流、业务流以及贸易伙伴关系等进行的计划、组织、协调与控制一体化管理过程。其目的可称为“6R”，即将顾客所需的合适的产品（right product）在合适的时间（right time），以合适的数量（right quantity）、合适的质量（right quality）和合适的状态（right status）送到合适的地点（right place）。通过调和总成本最小化、客户服务最优化、总库存最少化、总周期时间最短化以及物流质量最优化等目标之间的冲突，实现供应链绩效最大化。供应链管理是一种集成的管理思想和方法。

（三）供应链管理的特点

1. 供应链管理是一种基于流程的集成化管理模式

传统的管理以职能部门为基础，往往由于职能矛盾、利益目标冲突、信息分散等原因，各职能部门无法完全发挥潜在效能，因而很难实现整体目标最优。供应链管理是一种纵横的、一体化经营的集成管理模式。它以流程为基础，以价值链的优化为核心，强调供应链整体的集成与协调，通过信息共享、技术扩散（交流与合作）、资源优化配置和有效的价值链激励机制等方法来实现经营一体化。

2. 供应链管理是全过程的战略管理

供应链中各环节不是彼此分割的，而是环环相扣的一个有机整体。因此，从总体上考虑，如果只依赖于部分环节的信息，则会由于信息的局限或失真，导致决策失误、计划失控或管理失效。进一步讲，由于供应链上供应、制造、分销等职能目标之间往往存在着冲突，这样，只有最高管理层才能充分认识到供应链管理的重要性和整体性，只有运用战略管理思想，才能有效实现供应链的管理目标。

3. 供应链管理提出了全新的库存观

传统的库存思想认为，库存是维系生产与销售的必要措施，它是基于“保护”的原则来保护生产、流通和市场，避免受到上游或下游在供需方面的影响，因而企业与其上下游企业之间在不同的市场环境下只是实现了库存的转移，整个社会库存量并未减少。供应链管理的实施可以加快产品通向市场的速度，尽量缩短从供应商到消费者的通道的长度；另外供应链管理把供应商看作伙伴，而不是对手，从而使企业对市场需求的变化反应更快、更经济，总体库存得到大幅度降低。所以说，库存是供应链管理的平衡机制。

4．供应链管理以最终客户为中心

不管供应链上的企业有多少类型，也无论供应链是长还是短，供应链都是由客户需求驱动的，企业创造的价值只能通过客户的满意并产生利润来衡量。只有客户取得成功，供应链才能得以存在、延续并发展。因此，供应链管理以最终客户为中心，将客户服务、客户满意与客户成功作为管理的出发点，并贯穿供应链管理的全过程；将改善客户服务质量，实现客户满意，促进客户成功作为创造竞争优势的根本手段。

5．供应链管理采取新的管理方法

如用总体综合方法代替接口的方法，用解除最薄弱的链条寻求总体平衡，用简化供应链寻求总体平衡，用简化供应量的方法防止信号的堆积放大，用经济控制方法实现控制等。

二、供应链管理的主要内容

供应链管理是以同步化、集成化生产计划为指导，以各种技术为支持，尤其以 Internet 为依托，围绕供应、生产作业、物流（主要指制造过程）、满足需求来实施的。供应链管理主要包括计划、合作和控制从供应商到用户的物料（零部件和成品等）和信息。供应链管理的目标在于提高用户服务水平和降低总的交易成本，并且寻求两个目标之间的平衡（这两个目标往往有冲突）。供应链管理的内容很多，本节仅对部分主要内容进行讨论，具体如下：

（一）供应链的需求管理

当前，市场环境正在改变，从以前由生产制造商支配与引导市场和消费者选择商品，转变为由零售商和最终用户来引导市场，由客户向生产制造商发出他们何时需要何种商品的指令，制造商按此指令去生产完全符合客户的产品。这说明市场已从由生产制造商“推动”环境变为由零售商和客户“拉动”环境。这种趋势已显示了“大规模定制”的经营方式将更加符合市场和客户的需求。需求管理就是以供应链的末端客户和生产需求为核心，有计划地利用各种资源，协调和控制需求，以实现供应链上供需平衡的业务活动。

需求计划(Demand Planning, DP)主要对客户需求制订计划和实现监控，它提供了一个多维的环境，使企业能够了解市场需求，并借助市场营销等手段引导未来市场需求，帮助企业识别那些能够取得最佳效益的产品，使管理者通过突显和排除需求管理中的难点来准确和有效地管理他们的需求。

（二）供应链的供给管理

供给管理是供应链管理的另一个重要内容和功能，是供应链上的各种需求实现满足的前提。它有效地整合和利用了企业或供应链上的各种资源，协调和控制供给，并与已知的需求进行匹配，实现供需平衡，并进而实现最大限度满足需求的业务活动。它是沟通市场需求与资源供应之间的纽带。为了保证供应链运作真正实现供需平衡，能够快速反应和高效运作，必须加强供给管理。

供给管理的目的是根据供应链上的需求来确定供给什么，以及何时供给，如何最有效地分配供给量，将现有的供应资源与需求管理过程确定的、已划分优先次序的需求进行匹配，确定生产多少产品以及何时、并在何处生产等。它可以跨越供应链中的多个工厂，或多个货物储运中心、配送中心，确定将通过哪些工厂、货物储运中心或配送中心和向哪些需求提供供给，以及确定在哪里存储和特定的库存数量。它还对制造和运输资源的分配及粗略的生产能力做出计划，会首先将短缺的资源分配给优先级高的需求，从而对分配过程进行优化。

供应计划（Supply Planning，SP）用于决定何时、何地为何种需求提供供给，如物料、部件、设备、车辆、人工和设施等资源，以实现供与需的平衡，满足客户的订单与需求。

（三）供应链协同管理

供应链协同（Supply Chain Collaboration，SCC）是供应链运行过程中企业之间业务交往间的一种运作模式，也是使供应链业务流程顺畅连续的一种连接方式，是更有效地利用和管理资源的一种手段。

1．企业内部的协同

在企业内部，各个部门、各个业务层次和各个业务周期都有各自不同的业务行为和目标行为，为了使整个企业统一步伐、协调运作，就必须要有各部门之间的业务协同、不同的业务指标和目标之间的协同、各种资源约束间的协同等。这些协同主要体现在不同部门计划之间，如采购、库存、生产、销售以及财务部门计划间的协同；各管理层次计划之间，如企业战略、战术、运作层次计划间的协同；不同周期计划之间，如长期、中期和短期计划间的协同等等。在这些业务和计划之间，时常存在着矛盾和冲突，必须及时加以解决，以免对企业总目标的实现造成影响。

2．供应链企业间的协同

供应链企业间的协同是指供应链上的成员间在共享需求、库存、产能和销售等信息的基础上，根据供应链的供需情况实时地调整自己的计划和执行交付或获取某种产品和服务的过程。

第四节　集成化供应链管理

20 世纪 90 年代以来，随着电子商务的推广，集成供应链管理（Integrated Supply Chain Management）系统研究，已经成为国内外管理学领域专家学者的一个研究热点。

一、集成供应链管理系统的概念

供应链是由具有多种不同功能的链节形成的链条，每个链节实现供应链的一个或几个功能。供应链各链节之间彼此相互制约、相互影响，组成一个有机整体，共同实现供应链的总目标。为了优化其性能，供应链的各个链节必须以一种协调的方式以相同的节奏运作。但是，电子商务环境下经济活动的多变性使这种协调关系变得复杂化，从而导致传统供应链运作的实际进程和结果与计划发生偏差。在某些情况下，这些问题可能在局部得到解决，也就是说，可能在某个供应链环节或某个供应链功能范围之内得到协调解决。而在另外一些情况下，问题就不这么简单了，可能需要涉及供应链跨链节、跨组织、跨职能之间的协调。

因此，供应链管理系统（Supply Chain Management System）必须具有跨越供应链多个链节或功能来协调计划调整的内在机制。具有这种内在机制的供应链就是企业在电子商务环境下的研究重点——集成供应链管理系统。

要成功地实施供应链管理，使供应链管理真正成为有竞争力的武器，就要抛弃传统的管理思想，把企业内部以及节点企业之间的各种业务看成一个整体功能过程，形成集成化供应链管理体系。通过信息、现代制造和管理技术，将企业生产经营过程中有关的人、技术、经营管理三要素有机地集成并优化运行。通过对生产经营过程的物料流、管理、决策过程的信息流进行有效控制和协调，将企业内部的供应链与企业外部的供应链有机地集成起来进行管理，达到全局动态最优目标，以适应在新的竞争环境下市场对生产和管理过程提出的高质量、高柔性和低成本的要求。

为了能及时传播信息，准确地协调决策管理人与系统的行为，需要不断提高供应链管理系统的协调敏捷性和灵活性。正是这种协调的敏捷性和灵活性，最终决定了企业组织能够有效地、协调地实现它自身的目标。这个结论与电子商务时代管理学上另一个热点——敏捷管理（Agile Management）与精益管理（lean Man-agement）理论是一致的。

二、集成供应链管理的目标、内容

优化供应链管理系统的功能，使供应链的各链节、各功能实现最佳配合与协调，共同保证供应链目标的实现，是集成管理供应链管理系统研究的基本出发点和基本目标。

集成供应链管理系统研究的内容主要包括：供应链的需求和资源预测、供应链服务水平、供应链运作的多层次计划、供应链控制机制、供应链的分析诊断咨询、供应链的设计开发和改进、供应链计划的执行、供应链活动的指挥协调、供应链效益衡量、供应链的竞争力分析等。

应该说，上述研究内容对供应链管理系统非常重要，但是，如前所述，集成供应链管理研究的重点必须致力于解决供应链系统中协调的敏捷性和灵活性问题。

目前，多数研究人员正是基于这种认识，遵循这样一条研究思路：将集成供应链管理系统的内在机制视为由相互协作的、智能代理模块组成的网络；每个代理模块实现供应链的一项或几项职能；每个代理模块又与其他代理模块之间协调其行动。

为了建立适应电子商务要求的供应链敏捷的代理模块，必须建立与供应链各链节配套的实时信息发布与传输系统、智能决策支持系统等。因此，从供应链应用信息技术的实际以及存在的问题来看，集成供应链管理系统在现阶段的研究目标集中于以某种方式支持供应链智能代理模块系统的构建。从系统开发者的角度而言，这种方式需要最少的代码设计，能够确保代理模块之间采用最迅捷的信息交流、最有效的协调机制以及最佳解决问题的机制。

三、集成供应链管理实现的步骤

企业从传统的管理模式转向集成供应链管理模式，一般要经过五个阶段，包括从最低层次的基础建设到最高层次的集成化供应链动态联盟，各个阶段的不同之处主要体现在组织结构、管理核心、计划与控制系统、应用的信息技术等方面。

（一）阶段 1：基础建设

这一阶段是在原有企业供应链的基础上分析、总结企业现状，分析企业内部影响供应链管理的阻力和有利之处，同时分析外部市场环境，对市场的特征和不确定性做出分析和衡量，最后相应地完善企业的供应链。

在传统型的供应链中，企业职能部门分散、独立地控制供应链中的不同业务。企业组织结构比较松散。这时的供应链管理主要具有以下特征：

（1）企业的核心注重于产品质量。由于过于注重生产、包装、交货等的质量，可能导致成本过高，因此，企业的目标在于以尽可能低的成本生产高质量的产品，以解决成本—效益障碍。

（2）关于销售、制造、计划、物料、采购等的控制系统和业务过程相互独立、不相匹配，因部门合作和集成业务失败导致多级库存等问题。

（3）组织部门界限分明，单独操作，往往导致相互之间的冲突。采购部门可能只控制物料来源和原材料库存；制造和生产部门通过各种工艺过程实现原材料到成品的转换；销售和分销部门可能处理外部的供应链和库存，而部门之间的关联业务往往就会因各自为政而发生冲突。

处于这一阶段的企业主要采用短期计划，出现困难时需要一个一个地解决。虽然企业强调办公自动化，但这样一种环境往往导致整个供应链的效率低下，同时也增加了企业对供应链和需求变化影响的敏感度。

（二）阶段 2：职能集成

职能集成阶段集中于处理企业内部的物流。企业围绕核心职能对物流实施集成化管理，对组织实行业务流程重构，实现职能部门的优化集成。通常可以建立交叉职能小组，参与计划和执行项目，以提高职能部门之间的合作，克服本阶段可能存在的不能很好满足用户订单的问题。

职能集成强调满足用户的需求。事实上，用户需求在今天已经成为驱动企业生产的主要动力，而成本则在其次，但这样往往导致本阶段的生产、运输、库存等成本的增加。此时供应链管理主要有以下特征：

（1）将分销和运输等职能集成到物流管理中来，制造和采购职能集成到生产职能中来。

（2）强调降低成本而不注重操作水平的提高。

（3）积极为用户提供各种服务，满足用户需求。

（4）职能部门结构严谨，均有库存作为缓冲。

（5）具有较完善的内部协定，如采购折扣、库存投资水平、批量等。

（6）主要以订单完成情况及其准确性作为衡量指标。

在集成化供应链管理的第二阶段，一般采用物料需求计划（MRP）系统。但对于分销网而言，需求得不到准确的预测和控制，分销的基础设施也与制造没有有效地联结。由于用户的需求得不到确切的理解，从而导致计划不准确和业务的失误，因此，在第二阶段要采用有效的预测技术和工具，对用户的需求做出较为准确的预测、计划和控制。

但是，以上采用的各项技术之间、各项业务流程之间、技术与业务流程之间都缺乏集成，库存和浪费等问题仍可能困扰企业。

（三）阶段 3：内部供应链集成

这一阶段要实现企业直接控制领域的集成，要实现企业内部供应链与外部供应链中供应商和用户管理部分的集成，形成内部集成化供应链。集成的输出是集成化的计划和控制系统。为了支持企业内部集成化供应链管理，主要采用供应链计划（Supply Chain Planning，SCP）和 ERP 系统来实施集成化计划和控制。这两种信息技术都是基于客户 / 服务（Client / Server）体系在企业内部集成的应用。有效的供应链计划集成了企业所有的主要计划和决策业务，包括：需求预测、库存计划、资源配置、设备管理、优化路径、基于能力约束的生产计划和作业计划、物料和能力计划、采购计划等。ERP 系统集成了企业业务流程中主要的执行职能，包括：订单管理、财务管理、库存管理、生产制造管理、采购等职能。供应链计划和 ERP 通过基于事件的集成技术联结在一起。

本阶段企业管理的核心是内部集成化供应链管理的效率问题，主要考虑在优化资源、能力的基础上，以最低的成本和最快的速度生产最好的产品，快速地满足用户的需求，以提高企业的反应能力和效率。这对于生产多品种或提供多种服务的企业来说意义更大。企业运作柔性的提高也变得越来越重要。在本阶段需构建新的交叉职能业务流程，逐步取代传统的职能模块，以用户需求和高质量的预测信息驱动整个企业供应链的运作。因满足用户需求而导致的高服务成本是此阶段管理的主要问题

在这个阶段，企业可以考虑同步化的需求管理，将用户的需求与制造计划和供应商的物料流同步化，减少不增值的业务。同时，企业可以通过广泛的信息网络（而不是大量的库存）来获得巨大的利润。

此阶段的供应链管理具有以下特征：

（1）强调战术问题而非战略问题。

（2）制定中期计划，实施集成化的计划和控制体系。

（3）强调效率而非有效性，即保证要做的事情尽可能好、尽可能快地完成。

（4）从采购到分销的完整系统具有可见性。

（5）信息技术的应用。广泛运用电子数据交换（Electronic Data Interch-ange，EDI）和互联网等信息技术支持与供应商及用户的联系，获得快速的反应能力。EDI 是集成化供应链管理的重要工具，特别是在进行国际贸易合作需要大量文件时，利用 EDI 可以使企业快速获得信息和更好地为用户提供优质服务。

（6）与用户建立良好的关系，而不是“管理”用户。

（四）阶段 4：外部供应链集成

实现集成化供应链管理的关键在于第四阶段，通过整合企业内部供应链与外部的供应商和用户，形成一个集成化供应网链。而与主要供应商和用户建立良好的合作伙伴关系，即所谓的供应链合作关系（Supply Chain Partnership），是集成化供应链管理的关键。

在此阶段，企业要特别注重战略伙伴关系管理。管理的焦点要以面向供应商和用户取代面向产品，增加与主要供应商和用户的联系，增进相互之间的了解（产品、工艺、组织、企业文化等），相互之间保持一定的一致性，实现信息共享等，企业通过为用户提供与竞争者不同的产品 / 服务或增值的信息而获利。供应商管理库存（Vendor Management Inventory，VMI）和协同计划、预测与供给的应用就是企业转向改善、建立良好的合作伙伴关系的典型例子。通过建立良好的合作伙伴关系，企业就可以很好地与用户、供应商和服务提供商实现集成和合作，共同在预测、产品设计、生产、

运输计划与竞争策略等方面设计和控制整个供应链的运作。对于主要用户，企业一般建立以用户为核心的小组，这样的小组具有不同职能领域的功能，从而更好地为主要用户提供有针对性的服务。

该阶段的企业，生产系统必须具备更高的柔性，以提高用户需求反应能力和速度。企业应根据不同用户的需求，既能按订单生产（Make-To-Order），按订单组装、包装（Assemble or Package-To-Order），又能按库存生产（Make-To-Stock）。这样一种根据用户的不同需求对资源进行不同优化配置的策略称为动态用户约束点策略。延迟技术可以很好地实现以上策略。延迟技术强调企业产品生产加工到一定阶段后，等待收到用户订单以后根据用户的不同要求完成产品的最后加工、组装，这样，企业供应链的生产就具有了很高的柔性。

为了达到与外部供应链的集成，企业必须采用适当的信息技术为企业内部的信息系统提供与外部供应链节点企业的很好的接口，达到信息共享和信息交互，达到相互操作的一致性。这些都需要采用互联网信息技术。

在本阶段，企业采用销售点（Point of Sale，POS）驱动的同步化、集成化的计划和控制系统。它集成了用户订购数据和合作开发计划、基于约束的动态供应计划、生产计划等功能，以保证整个供应链中的成员同步化地进行供应链管理。

（五）阶段 5：集成化供应链动态联盟

在完成以上四个阶段的集成后，已经构成了一个网链化的企业结构，我们称之为供应链共同体，它的战略核心及发展目标是占据市场的领导地位。为了达到这一目标，随着市场竞争的加剧，供应链共同体必将成为一个动态的网链结构，以适应市场变化、柔性、速度、革新、知识等需要，不能适应供应链需求的企业将从供应链联盟中被淘汰。供应链从而成为一个能快速重构的动态组织结构，即集成化供应链动态联盟。企业通过互联网商务软件等技术集成在一起以满足用户的需求，一旦用户的需求消失，它也将随之解体。而当另一需求出现时，这样的一个组织结构又由新的企业动态地重新组成。在这样的一个环境中求生存，企业如何成为一个能及时、快速满足用户需求的供应商，是企业生存、发展所面临的重要问题。

集成化供应链动态联盟是基于一定的市场需求、根据共同的目标而组成的，通过实时信息的共享来实现集成。主要应用的信息技术是互联网的集成，同步化、扩展的供应链计划和控制系统是主要的工具。基于互联网的电子商务取代传统的商务手段，这是供应链管理发展的必然趋势。

在供应链中，所有的节点企业基于为用户提供质量最好、价值最高的产品或服务的共同目标而相互紧密地联结在一起，而松散的联结是不能增值的，不管链中哪一点的失误，都可能导致整个供应链出现产品或服务的质量问题。电子商务快速响应（QR）、高效客户响应（ECR）等的出现与应用，则消除了用户和供应商之间的障碍。

知识经济时代的到来，信息替代劳动力和库存成为提高生产力的主要因素，而企业用于提高决策水平的信息更多地来源于电子商务。供应商通过 EDI 给其用户发出船运通知单，通知用户什么产品将于何时出运，用户可以利用这条信息更改其库存水平。而分销商把销售点和预测信息传送给他们的供应商，供应商再根据这些信息进行计划和生产。当供应链中节点企业能很好地通过电子商务达到信息共享后，企业就可以提高生产力、提高质量，为产品提供更大的附加值。

通过电子商务的运用，能有效连接供应商、制造商、分销商和用户之间在供应链中的关系，而且在企业内部，电子商务也可以改善部门之间的联系。如互联网加强了用户推动机制，使用户可以直接从供应商那里获得产品的同时，获得有用信息，而且通过互联网，企业能以更低的成本加入到供应链联盟中。根据电子商务与供应链管理的结合应用，可以建立基于电子商务的信息组织与集成模式。

第二章　物流系统网络与节点规划

物流系统网络，是指将物流系统抽象为由节点与链组成的网络，通常人们简称为物流网络。物流网络的每个节点之间可能都连着多条链，其代表着不同的运输形式和不同的路线。每一个节点都可能会是库存流动过程中的临时经停点，如货物运达零售店或最终消费者之前短暂停留时间的仓库等。对物流系统网络与节点的规划有助于建立更加完善和合理的供应链系统。

第一节　物流系统网络的结构类型

物流企业货物运输的形式主要有两种：一种是直送形式，另一种是经过物流节点的形式。其他方式的运输形式使这两种基本形式的组合，如图2-1 所示。

虽然直送形式的运输形式较为简单，但是当前物流企业所采取的大多都是着眼于带中转物流节点的物流网络类型，如单核心节点、双核心节点单向、双核心节点交互和多核心节点等。

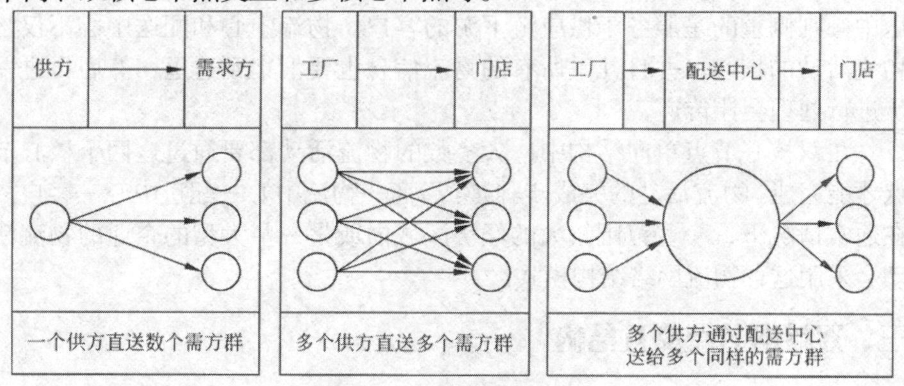

图 2-1　物流网络类型图

一、单核心节点结构

物流网络结构是物流网络运行的基本框架，而物流网络结构模式则是这个框架的主要构成内容。在物流网络体系中，物流中心和配送中心往往起着决定性的作用，是决定物流节点的布局是否合理的关键，对物流的运行效率起着决定性的作用。

单核心节点结构指的是，在整个物流网络体系中只有一个核心节点。其特点主要表现在三个方面。

（1）其承担着物流中心和配送中心的双重职能。

（2）在该物流网络所覆盖的区域中，几乎所有的物流活动都是通过该核心节点来得以运行的。

（3）物流中心同时需要承担起信息中心的职能，所有的物流信息都需要汇集到这里，然后再进一步进行处理和传递。

在单核心节点结构物流网络结构模式中，所有的物流活动几乎都要在该节点中完成，同时承担着物流中心与配送中心的双重职能，厂商和客户的物流活动都需要依靠这个节点来完成。物流活动的完成步骤是：厂商—核心节点—客户。在通常情况下，比较小的经济区域或小规模的企业会采用这种物流网络结构模式。但是随着市场竞争的日趋激烈以及客户导向意识的不断发展，这种物流网络结构模式将不能再满足客户的需求。

二、双核心节点单向结构

双核心节点单向结构指的是，整个物流网络体系中有物流中心和配送中心两个节点，其中，物流中心侧重的是服务于供应链上游的厂商，而配送中心则侧重的是服务于供应链下游的客户。物流中心和配送中心不仅是物流活动的核心，并且几乎所有的物流信息也要汇集到这里，然后再进一步进行处理会让传递。

在双核心节点单向结构中，大多数的物流活动都要通过这两个核心节点才能完成。物流活动的完成步骤是：厂商—物流中心—配送中心—客户。在通常情况下，一些范围较大的经济区域内或是一些大型的企业的物流活动会采用这种物流网络结构模式。

三、双核心节点交互结构

双核心节点交互式结构与双核心节点单向物流网络结构有很多的相似之处，但是二者之间又存在着一定的区别。在改物流网络结构模式中，物流和信息的运行都是双向的，物流网络中的所有节点都要承担物流中心和配送中心的双重功能。随着市场环境的不断变化，两个核心节点的功能可能会产生调换的需求。

在该结构模式下，物流活动的完成步骤是：厂商—物流中心—配送中心—客户。在该模式下，交互式体现为会随着环境与厂商和客户需求的变化而变化，物流中心与配送中心功能会产生调换的情况，也可以说，物流中心和配送中心同时都具备双重功能。

四、多核心节点结构

在实际被大多数人选择的物流网络通常都是有多个核心节点同时存在的，而几乎所有的物流活动都要通过这些节点的运行才能完成。从一定程度上来说，多核心节点物流网络结构的原理和其他的三种模式之间并没有本质上的区别，只是对这三种模式的放大或叠加。通常，多核心节点的物流网络模式会运用在范围比较大的经济区域或大型企业之中。

物流网络中的信息流实际上指的就是物流相关信息的流动，在该物流网络结构模式中，大多数的物流和信息流都是同时、同向发生的。为了提高物流网络系统的运行效率，企业通常都会讲物流与信息流有意识地分开，从而形成一种信息流—物流双平台的运行模式。

需要注意的是，物流网络结构的所有解决模式并没有优劣之分，只不过它们会适用于不同的环境之中。在很多的物流网络中，并不会只存有一种网络结构模式，而是多种结构模式相互协调、统一在一起，共同为客户所提供优质的服务。

第二节　物流系统网络的规划与组织设计

在对物流系统网络有了一定的了解，并明白其所起到的重要作用之后，就要着手对物流系统网络正式开始进行规划和组织设计，以此建立更加完善的物流运营体系。

一、物流系统网络的规划

（一）物流网络规划的内容

1. 对各物流节点和线路进行协调

构成物流系统网络的主要元素是线路与节点，这两个元素之间不同的结构与配置方式就会产生不同的物流网络。物流系统运营效率与水平的高低，取决于这两个基本的元素的合理配置，因此要重视各物流节点与线路之间的协调。

所有的物流活动必须要通过节点和线路才能完成。其中，节点主要承担的职责是，包装、装卸、保管、分货、配货和流通加工等；而节点承担的责任是，集货运输、干线运输、配送运输等。实际上，物流线路上的所进行的活动也西药节点的组织和联系才能顺利完成，如果没有节点的支持，那么线路上所进行的活动必然会陷入一种瘫痪的状态。因此，企业要根据节点和线路功能的不同，进行有效的分工和协调，从而构建一种统一、一体化的运作系统，以此来提高物流运营的效率和质量。

2．规划设计物流网络

物流网络的规划指的就是，确定产品从供货点到需求点流动的结构，其中包括确定节点的类型、数量、位置以及为节点分配产品的方式和所需要的运输方式、服务的方式等。

（1）物流网络结构的供给和形式。

产品流动网络的供给渠道有多种形式，可以由基层仓库供给，也可以直接由工厂、供应商或港口供给。而基层仓库又是由地区仓库或是直接由供货点供给的。物流网络的结构形式多种多样，根据运输产品种类的不同，物流网络可以更复杂或者更简单，甚至还可以存在完全不同的结构形式。也就是说，一个物流企业的产品流动可以有多个不同的物流网络设计方案。

（2）物流网络空间设计问题。

在物流网络设计的过程中，需要注重空间设计的问题。对于空间或地理设计的问题，可以决定各种节点（如工厂、仓库和零售点）的平面地理位置。在对各物流节点的数量、规模和位置进行确定时，需要在以地理特征表示的客户要求和成本（包括采购成本、库存持有成本、节点成本、运输成本）之间寻求平衡。

（3）物流网络时间设计问题。

物流网络规划中要注重时间问题，主要目的是满足客户服务目标而保持产品的可得率。企业保持产品可得率的方式是，缩短生产或采购订单的反应时间，也可以在接近客户的地方保有库存。在时间设计问题中，企业需要考虑的是最大程度的减少客户接收产品所需要的时间，在满足客户服务目标的同时还要对各种成本，如资金成本、订单处理成本和运输成本之间进行平衡，确定产品在物流运输过程中所需要的方式。

（4）物流网络结构设计问题。

网络结构问题对于物流企业来说也至关重要。在通常情况下，对物流网络重新进行合理规划可以为企业节省 5%～15%的物流成本。例如，在原来惠而浦公司在物理方面所花费的成本时 15 亿美元，在对物流网络重新进行规划之后，就可以节省 1.5 亿美元。从这个惊人的数字中我们就可以看出，物流网络重组在规划设计问题中占据首列位置的原因。除此之外，对网络物流充足还可以提高对客户的服务质量，增强市场竞争力。

（5）物流网络规划需要注意的问题。

对物流网络进行规划设计有利于提高企业的服务质量，实现利润最大化。在此过程中，需要注意几个方面的问题：物流节点所处的位置；计划区域内应建立的物流网络节点数；每个物流节点的规模；物流服务质量水平以及信息网络的连接方式；各物流节点的进货与供货关系，即与客户和供应商的关系等。

（二）物流网络规划的原则

1．按经济区域建立网络

在对物理网络进行规划时，首要考虑的因素就是经济效益，通过建立物流网络来降低综合物流成本；同时也要考虑社会效益，对于社会资源要解决利用，实现可持续发展。

在一个较大的经济区域内，各个地区或企业之间通常都会产生较大的关联性和互补性，经济活动较为频繁，对于物流的需求比较大，这样就使得物流成本在所有的经济成本中会占有比较大的比重，物流改善的潜力巨大。因此，物流网络应该在经济关联性较大的经济区域内建立，要从整个经济区域的发展来考虑区域物流网络的构建。

2．以城市为中心布局网络

在物流网络规划中，厂商和客户注重的是要具有完善的基础节点建设和相关配套支持；而对于物流网络布局来说，其重点是要减少的成本，提高企业的经济效益。因此在对物流网络进行规划时，要将经济区域的城市作为建设的重点，将其作为重要的物流节点；同时还要将中心城市作为依托，以充分发挥中心城市现有的物流功能。

3．以厂商集聚形成网络

现代经济发展的一个重要特征是集聚经济，厂房集聚不仅可以降低企业的运营成本，并且还可以形成巨大的物流市场。由于物流是一种实体的经济活动，因此其与商流之间存在的一个突出区别是对地域和基础节点等具有很强的依赖性，很多的企业都后最先考虑将生产基地建立在物流网络的中心区域。例如，在美国有很多的大型公司的总部都是设立在了小城市，每天都会发生大量的商流活动。在我国，很多的跨国公司都汇集在了天津地区，从而形成了巨大的物流市场。因此，在对物流网络进行规划时，应该将厂商物流的集聚地作为整个物流网络中的重要节点。

4．建设信息化的物流网络

物流信息系统是整个物流网络系统的重要组成部分，其中物流网络的运营中发挥着重要的作用。物流网络所包含的所有要素中，人们常见的物流中心、仓库、节点、公路、铁路等有形的硬件只是物流得以运营的基本因素，只是可以保证物流活动的最终实现，却不能提高物流运营的效率。在建立物流信息系统中，会搭建一个物流网络信息平台，然后通过物流信息的共享来实现对物流活动的控制，这样就可以提高物流网路的运营效率。根据相关专家的实验研究表明，科学、完善的物流信息系统可以将物流活动的效率提高 3 ~ 8 倍，甚至还可以更高。

（三）物流网络规划的方法

1．解析方法

解析方法是利用数学模型来对物流网络进行规划，是对定量数学方法的统称。解析方法使用的步骤是，首先要根据问题的外部条件、特征和内在联系建立起数学模型或图解模型，然后再对模型进行求解，以此来获得最佳的规划设计方案。需要注意的是，虽然通过解析的方法可以获得精确的最优解，但是对于一些复杂的问题来说，解析方法就不能顺利进行解答，即使是建立了数学模型，如果模型过于复杂，那么求解也是极为困难的一件事。在计算机技术迅速发展的今天，也仍有很多的问题无法顺利进行解答。因此，在使用解析法对物流网络进行规划时，就要求我们不仅要全面掌握相关的物流专业知识，并且还要具有很强的数学运算能力，这是解析方法在实际运用中受到限制的一个重要原因。

通常在使用解析方法对物流网络进行规划时会使用三种模型，即微积分模型、线性规划模型和混合整数规划模型等。在使用模型时，应该对具体问题具体分析，选择恰当的模型。

物流网络规划设计的模拟方法指的是，通过数学方程和逻辑语言的形式对物流系统中所所遇到的实际问题进行数学表述。通过使用计算机帮助运算，我们可以运用模型计算和逻辑推理来确定最佳的物流网络设计方案。如果经济关系或统计关系的现实表述已经确定了，那么就可以通过模拟模型来对不同的设计方法来进行效果评估。

解析模型使用的侧重点是确定仓库的最佳设置位置、数量以及规模等，而模拟模型则侧重的是，在给定多个方案的条件下反复使用模型以找出最佳的网络设计方法，分析结果的质量和效率取决于使用者选择分析时的技巧和洞察力。从这里我们可以看出，使用模拟方法限制因素是，使用效果要依赖于分析者预定的组合方案是否接近最佳方案。

2．德尔菲法

德尔菲法（Delphi method）是一种较为常用的主观、定性的方法，其在物流网络规划设计的前期准备工作中发挥着重要的作用，不仅可以用于技术预测领域，并且还可以应用于各种评价指标体系的建立和具体指标的确定过程。德尔菲法的实质是利用专家的知识和经验，对比较复杂、模糊性大并且不能进行定量分析的问题，通过多次填写征询意见表的调查形式来获得最佳测定结论的方法。

德尔菲法具有匿名性、反馈性、统计性等特点。在调查进程中，通过对专家意见的统计、分析，充分利用信息反馈和信息控制，在专家对所有的意见进行全面分析和修改之后，使得不同的意见可以趋向一致，从而最终将所有的意见都归结为一个统一的结果。

3．启发式方法

启发式方法是相对于模拟方法而提出的，其是一种逐次逼近最优解的方法。在使用启发式方法的过程中，要求对已经获得的解再次进行反复的判断和修正，直到不能修改、令人满意为止。启发式方法具有很多的优点，其有助于将问题缩减至便于管理的规模，进行方案组合的个数少，并且还可以在多种设计方案中自动进行搜索，以获得更好的解决方案。虽然使用启发式方法不能一定保证可以获得最佳的解决方式，但是通过恰当的处理方式，可以得到令管理者较为满意的近似最优解。

二、物流系统网络的组织设计

（一）物流网络组织设计的原则

在物流网络组织设计中，需要遵循以下五项原则。

1．统一指挥原则

统一指挥原则是建立物流管理指挥系统中必须要遵循的原则，其主要目的是在物流网络组织中建立合理的纵向分工，设计合理的垂直机构。

企业、公司以及社会的物流管理部门是物流网络的组织机构，是负有不同范围的物流合理化使命的部门。为了实现物流部门内部的协调一致，高效完成物流管理任务，就必须要严格遵循统一指挥的原则，从而实现责任和权限的体系化，使物流网络组织成为有指挥命令权的组织。

在统一指挥的原则下，通常会设置最高决策层、执行监督层和物流作业层，三级物流管理层次。其中，高层领导的职责是，根据企业或社会经济的总体发展战略，制定长期的物流规划，对财务进行监督，决定物流管理人员的调配以及物流组织机构的设置及变更等；中层领导的职责是，组织和保证最高决策所制定的目标可以顺利实现，包括制订各项物流业务计划、分析设计和改善物流体系、预测物流量、编制物流预算草案、检查服务水平、实施活动管理、分析物流费用、进行物流思想宣传等；基层领导的职责是，合理组织物流作业，对物流从业者进行奖励，对员工和业务之间的矛盾进行协调等。

2．有效性原则

有效性是物流网络组织设计中的核心原则，是衡量组织结构合理与否的基础，有效性原则要求物流网络组织必须是有效率的。所谓的效率，指的是工作的效率、管理的效率和信息传递的效率。物流网络组织的效率主要表现为，物流组织内部的各个部门都明确的职责，有利于解决人力和时间，激发员工的工作积极性，使所有的员工都可以在实现物流企业目标的过程中做出一定的贡献，提高企业的经济收益。

有效性原则贯穿于物流网络组织设计的始终。有效性原则要求，所规划出来的物流网络能够在实现物流活动目标的过程中发挥出积极的促进作用。物流网络规划设计的优劣将表现为实现物流目标的总体成果上。在物流网络运营的过程中，组织机构要能够反映出物流管理的目标，并且还要能充分适应企业内部和外部条件的变化，从而可以保证组织的目标可以顺利实现。物流网络组织的结构形式、机构的设置及其改善的衡量标准是，是否有利于实现物流结构的合理化。

3．合理管理幅度原则

管理幅度指的是，组织的管理者可以对其下属员工和业务可以进行有效的管理，其表现为管理组织的水平状态和组织体系内部各层次的横向分工。管理幅度与管理层次之间具有密切的关系，如果管理幅度大，管理层次就会减少；如果管理幅度小，管理层次就会增加。

想要实现管理幅度的合理性并不是一个简单的问题。因为，管理幅度的大小所涉及的因素很多，如管理者及下属人员素质、管理活动的复杂程度、管理机构各部门在空间上的分散程度等。如果管理幅度过大，就可能使得管理者顾此失彼，并且还会由于管理层次减少而造成疏漏；反之，管理层次增加，就会造成机构繁杂，人力、财力等方面的支出增加，使得部门之间的协调、沟通复杂化。因此，合理管理幅度原则在实行的过程中，不仅要求对物流的管理层次进行适当的划分，精简机构，并且还要求可以明确各个管理者的管辖范围，从而确保管理的有效性。

4. 协调原则

物流管理的协调原则指的是，要协调管理组织中职位职责与具体任务，协调不同职位的职能，协调不同职位所要承担的任务。也就是说，要实现物流管理各层次之间的纵向协调、物流系统各职能要素的横向协调和部门之间的横向协调。这三个方面的协调相比较，横向协调是最为重要的。在对物流网络组织进行横向协调的过程中，可以采取以下几种措施。

（1）建立横向综合管理机构。

（2）将职能相近的部门组织成系统，如供、运、需一体化。

（3）建立职能管理横向工作流程，使业务管理工作标准化。

5. 职责与职权对等原则

在对物流组织进行管理的过程中，无论是纵向环节还是横向环节，都必须要遵守职责与职权的对等原则，其主要目的是明确物流网络组织中各职位的职责。职位是组织机构中所设置的岗位，是组织体内纵向分工与横向分工的结合点。组织体内的各项职责是连接各单位的重要因素，在将组织机构的职责连接起来之后就会形成一个责任体系。如果在一个组织体系内没有对岗位设置明确的职责，那么这个组织体系就会极为松散，存在解体的危险。

职权指的是，在一定职位上，在其职务范围内为完成承担的责任所应具有的权力。职责与职权应是相对应的。高层领导承担决策的责任，因此就需要拥有较大的物流决策权；中层管理者承担的是任务执行的监督责任，因此其拥有的是监督和执行的权利。职责与职权的相适应就是所谓的权限，即权力要被限定在一定的范围之内，权力的授予要受到职务和职责的限制。

在组织中不能出现有职无权，或是无职有权的现象，否则就会影响员工的工作积极性，降低员工的工作责任心，不利于效率的提高。

想要全面贯彻权责对等的原则，就应该在分配任务的同时就对其授予相应的职权，从而有助于组织目标的顺利实现。

（二）物流网络的内部组织设计

在科学、合理的组织管理下，物流网络功能才能获得更好的发挥。因此，在对物流网络进行规划设计时，还必须要考虑到物流网络的组织模式，恰当的物流网络组织模式有助于物流网络更好地发挥作用，不恰当的物流网络组织模式则会对物流网络功能的发挥产生一定的影响。在实践中，常用的物流网络组织模式主要有以下几种。

1．流程一体化物流网络组织

在企业流程重组理论的影响下，扁平化、流程再造和团队的思想也逐渐被更多的企业所接受，企业组织逐渐进入了重组的时代，物流管理对流程也越来越重视。由于对流程的合理管理可以有效提高企业物流运营的效率，因此已经成为物流整合的核心环节。物流组织逐渐开始以流程为导向，实现水平结构的变换，由纵向一体化转向横向一体化，由内部一体化转向内外部一体化转变。矩阵型（如图 2-2 所示）、团队型（如图 2-3 所示）、联盟型等物流组织形式就是在以物流流程一体化为导向的前提下发展起来的。

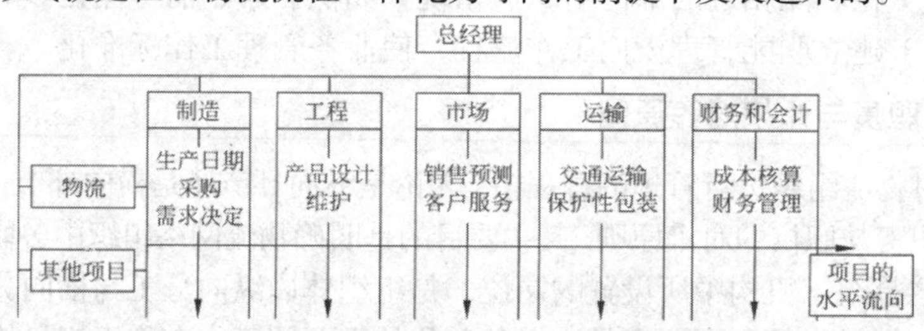

图 2-2　矩阵型流程一体化物流网络组织

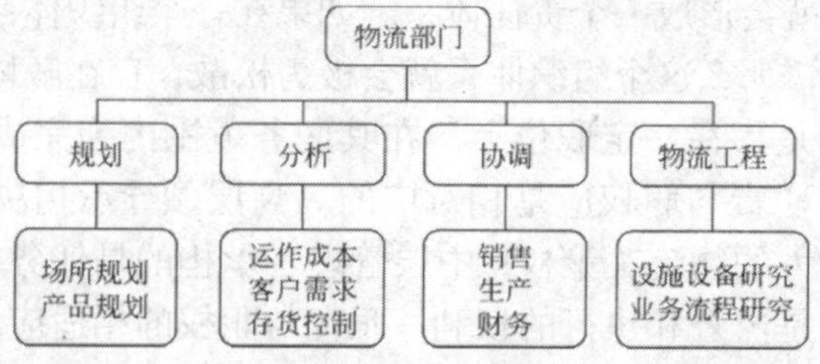

图 2-3　团队型流程一体化物流网络组织

2．功能一体化物流网络组织

功能一体化物流网络组织（如图 2-4 所示），指的是将物流所有的功能和运作都统一起来，将采购、存储、配送等物流的所有领域组合构成一体化运作的组织单元，从而最终形成一个综合性的企业内部一体化的物流框架。这种一体化的物流组织结构发挥出了重要的作用，主要表现在两个方面。

（1）强调了物流资源计划对企业内部物流一体化的重要作用。

（2）强调了各物流支持部门（仓储、运输、包装等）与物流运作部门（采购、制造物料流和配送等等）的直接沟通，各部门之间协调工作，保证物流任务可以顺利完成，降低企业的物流成本。

图 2-4　功能一体化物流网络组织

3．“枢纽—辐射式”物流网络组织

在将项目管理思想应用到物流组织设计中时，组织结构就会呈现出“枢纽—辐射式”，也就是一体化的经营管理模式（如图 2-5 所示）。在现代物流的运营中，需要建立起指挥中心、多个操作中心的运作模式，只有有效控制是现代物流实现运营的有力保证。从物流业务所涉及的项目来看，虽然每项所包含的内容都并不复杂，但是对于整个过程的协调必须要建立一个高效、权威的组织系统，这样才可以对物流的实施和运作进行有效的控制，可以及时处理物流运营中出现的各种问题。实际上也就是说，物流网络需要有一个灵活的、强有力的调控中心来对其进行协调和控制。

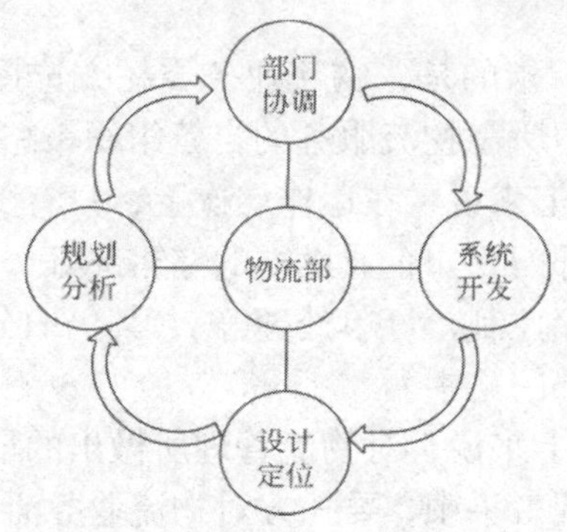

图 2-5　“枢纽—辐射式”物流网络组织

4. 虚拟化物流网络组织

虚拟化物流网络组织是一种非正式的、松散的、暂时性的组织形式，其打破了原有物流组织的界限，通过充分利用现代发达的信息及网络技术全面整合各成员的资源、技术、客户等，从而实现组织协调、统一的运作，以最小的组织形式来获得最大的物流功能，降低物流成本。

（三）物流网络的整体组织设计

在供应链环境中的物流网络组织设计是极为复杂的，其需要在围绕供应链物流业务的整体优化的前提下，按照一定的规则、制度和利益分配来最终形成的。其包括多个企业实体的合作性组织群体，跨越了单个企业组织边界的供应链物流系统组织统，因此被称为外包组织策略。把单个企业边界范围内的原有几类组织形式，称之为自营组织策略，如图 2-6 所示。

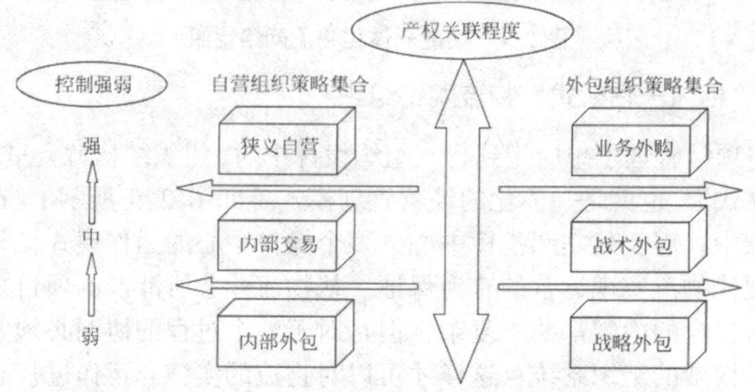

图 2-6　供应链环境下物流网络组织结构图

1. 狭义自营组织

狭义上的自营组织指的是，物流业务委托方选择在内部设立物流业务职能部门，以此来承担所需物流服务的自营组织策略。

（1）从职能分工上来说，在运作层次上，只有少数的物流智能被集合到了企业的独立物流部门（如企业设立的储运部等），大多数的物流运作只具有参谋职能（如库存控制、订单处理等），其仍旧分散于制造、财务、市场营销等相关的业务部门之中。

（2）从战略层次上来说，对物流管理所做出的最终的战略决策仍然掌握在委托方的最高管理者手中，委托方对物流业务活动具有很大的掌控权。

需要注意的是，这种类型的组织模式不适用于在供应链物流业务活动中承担较多跨企业物流职能的供应链盟主企业或核心企业之中。

2. 内部交易组织

内部交易组织指的是，在委托方的内部设立一个独立核算的物流业务利润中心或成本中心，企业业务中所涉及的物流活动都要由其来进行统筹同时还要提供相关服务的组织模式。

（1）从职能分工上来说，与狭义的自营组织相比较，其物流职能集成度要更高，大多数的物流作业职能都被统一集中到了由一个高层经理领导下的中心或事业部内。

（2）从战略层次上来说，组织要重视起物流管理的战略发展，要强调物流部门的独立性，突出物流管理职能的战略性、跨部门性。

（3）从利益分配的格局上来说，在内部交易组织模式中，利益的最终受益主体是委托企业，其不同之处主要表现在，是通过签订内部交易合同的形式来对企业内各物流参与主体之间的利益分配格局来最终确定下来的。企业希望通过这种改变部门的利益分配格局的形式起到一种激励的作用。

3. 内部外包组织

内部外包组织指的是，物流业务委托方独立出资或以控股的形式与其他的企业进行合资，成立一个具有独立法人资格的物流子公司。该子公司需要承担委托方所需物流服务的组织策划职责。

（1）从职能分工上来说，该模式中的委托方将大多数的物流职能都单独独立出来，并委托给子公司，其主要是以精干为主业。

（2）对于子公司来说，其不仅与委托企业之间存在产权联系，并且还拥有同类独立物流法人所具备的所有权利，其与现有的物流系统组织中的物流事业部来说，独立性要更强一些。

该类型的组织适用于在行业内知名度较高、业务量较大的企业，通常这些企业的物流业务都很成熟，并且外部推广性较好。

4. 业务外购组织

业务外购组织形式指的是，委托方采取直线职能型、事业部型等自营组织策略管理部分物流业务的同时，采用临时性的采购方式，将自己能力范围所不及的、自营成本较高的或是自营与外包在成本或服务质量方面都极为相似的、较为成熟的物流业务等，临时性委托给外部的专业物流企业进行办理，由其来制定相关的服务策略。

该种类型的组织适用于那些规模较大的生产企业，这些企业通常在销售旺季时不能由自身来支撑起全部的物流业务，而需要从外部雇佣车队或是需要从外部租借仓库等。

5. 战术外包组织

战术外包组织指的是，委托方通过签订长期契约的形式将自己所需的物流业务委托给第三方物流合作伙伴进行办理，其主要负责的是战略性的物流职能以外的其他组织策职能。

从职能分工上来说，其该种组织形式主要侧重的是通过引进外部的物流资源，以此来降低企业的成本，提高企业的服务质量，增强市场竞争力。

战术外包组织不仅需要承担物流网络规划、物流绩效控制等物流战略职能，并且还需要承担外部专业物流企业所不需要承担的那部分职能。

6. 战略外包组织

战略外包组织指的是，委托方将其所涉及的物流业务全部委托给第四方的物流企业进行办理，要求其要按照自身所制定的物流服务目标，在结合第三方物流企业资源的前提下，为委托方提供最高的物流组织策划方案。

从职能分工上来说，该策略实现了第四方物流企业与第三方物流企业在资源、能力和技术等方面的有机结合，除契约或协议的管理外，剩下的所有物流职几乎全部都委托给了这二者的联盟体。

根据第四方物流企业与第三方物流企业合作方式的不同，可以将其分为协同运作型、方案集成商型、行业创新者型，这三种类型。

物流网络的组织选择过程，如图 2-7 所示。

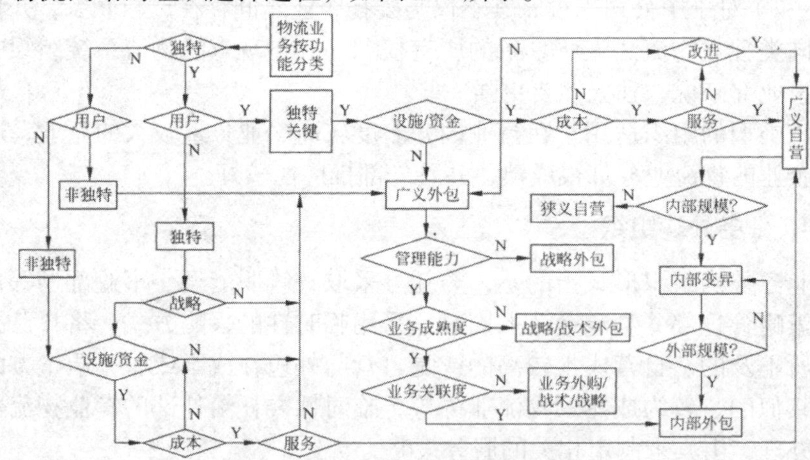

图 2-7　物流网络的组织选择过程

第三节　物流节点的选址规划

物流节点选址指的是，在具有若干共经典与需求点的经济区域内，选择一个恰当的地址作为物流的节点。对物流节点的选址进行规划的主要目的是，在商品经过物流中心的汇集、中转、分发直到输送到需求点的整个过程中，获得最好的效益。在物流节点中，存在很多的基础设施和设备，需要的投资数量很大，一旦建设完成之后就不能再轻易进行改变，如果物流节点的选址规划不恰当，就会对企业造成巨大的损失。

一、物流节点选址的原则和步骤

（一）物流节点选址的原则

在对物流节点的地址进行规划之前，首先要考虑的一个问题是，建设物流节点的出发点是什么。可以对不同的情况，选取不同的地理位置。

（1）如果建设节点的首要目的是，缓解城市交通拥挤和城市压力，那么节点就应该建在城乡的结合处。

（2）如果建设节点首要考虑的是经济效益，那么几点的位置就应该选择在交通枢纽地区或产品生产与销售的集散地区。

根据物流系统节点在城市物流产业发展及物流体系中所处地位及作用的不同，可以将其分为两种不同的类型：一类是综合物流系统节点，其主要特征是现代化、多功能、社会化和大规模；一类是专业物流系统节点，其特点是专业化和现代化，例如港口集装箱、保税、空港、钢铁基地、汽车生产基地等专业物流系统节点。

专业物流系统节点的选址没有严格的要求，只要符合了物流在专业化方面的要求就可以了。而对于综合物流系统节点的选址来说，其就需要遵守以下几个方面的规则。

（1）位于交通枢纽中心地带，至少有两种以上运输方式连接，特别是铁路和公路。

（2）位于城市中心区的边缘地区，一般在城市道路网的外环线附近。

（3）位于城市物流的节点附近，现有物流资源基础较好，一般有较大物流量产生，如工业中心、大型卖场等，可利用和整合现有的物流资源。

（4）位于土地开发资源较好的地区，用地充足，成本较低。

（5）有利于整个地区物流网络的优化和信息资源利用。

物流节点的选址在规划的过程中，需要考虑多种因素，如表 2-1 所示。

表 2-1　物流节点选址需要考虑的因素

分类	因素
费用结构	土地费用、建筑费用、税收、保险及其他
法律规定	分区规划、租借条款、地方商业规章
人口统计	人口基数、收入情况、劳动力供给
交通运输	运输类型及流量、运输方式、到达车站或港口的方便程度
竞争结构	竞争对手、类型
备选地点特征	停车的方便性，建筑物的状况，从其他主要街道到此地的能见度

（二）物流节点选址的步骤

在物流节点选址的过程中，不可忽视的一个环节就是进行成本计算，也就是将运输费用、配送费用及物流设施费用都实行模型化，通过约束条件及目标函数来建立数学公式，并在此基础上找到最小花费的最佳选址方案。

物流节点的选址过程，需要经历以下几个步骤，如图 2-8 所示。

（1）选址约束条件分析；

（2）搜索整理资料；

（3）地址筛选；

（4）定量分析；

（5）结果评价；

（6）复查和确定选址结果。

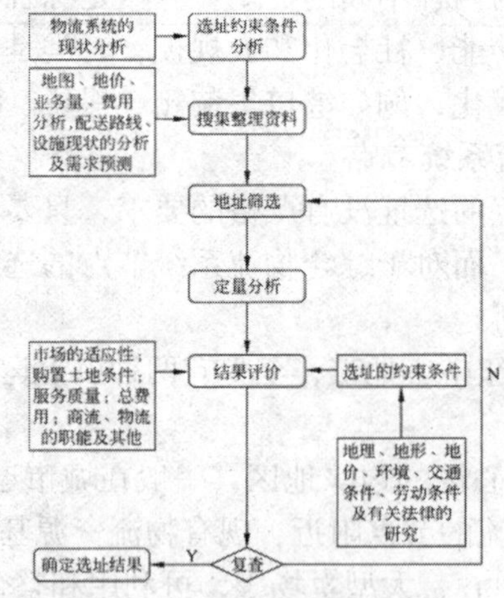

图 2-8　物流节点选址流程图

二、单物流节点选址

在对物流节点进行选址时，最先组要考虑的一个因素就是要将物流成本降到最低。节点选址的成本中，有一些固定费用，通常是最初投资的年费用，主要包括土地使用、设备和建筑费用。如果是重新选址，则需要额外的一些费用，如将设备移到新节点地址的费用、新节点初建费用和关闭旧址处的节点费用。在新节点进行选址的过程中，会遇到一些限制性的因素，如所选位置的数量及可得性、供应源能力、消费点的需求、建新节点的总资金等。

在通常情况下，单节点选址的方法适用于工厂、车站、仓库或零售/服务节点的选址。在对单节点进行选址的过程中，可以选用最简单的方法，如欧几里得选址法、直角选址法和加权因素选址法。其中，欧几里得选址法和直角选址法主要考虑的是节点的位置和运输量，一般适用于连续型选址的情况问题，其基本理念都是根据企业实际的运输费率和运输量选择最佳的节点位置。而加权因素选址法则主要适用于多因素离散解空间的选址情况。

（一）直角选址方法

在对工厂、仓库或城市选址时，根据线路的具体结构和物质移动，可以选择直角的形式来进行选址。现有节点 A 坐标（x，y）和新节点 p 坐标（a，b），它们之间的直角距离为 d（A，p），其计算方式为：

$$d(A,p)=|x-a|+|y-b|$$

当有 m 个现有节点 $(A_1,A_2,\cdots,A_m)$ 时，每个旧节点和新节点之间会产生流量 w_j，因此位移最小的新节点选址的计算方式为：

$$\min\sum_{j=1}^{m}w_j(|x_j-a|+|y_j-b|)$$

上述公式还可以改写为：

$$\min\sum_{j=1}^{m}w_j|x_j-a|+\min\sum_{j=1}^{m}w_j|y_j-b|$$

改写后的公式实际就是将问题分解成了两个单独最小化的问题，可以得到如下两个公式：

$$\min f(x)=\min\sum_{j=1}^{m}w_j\left|x_j-a\right|$$

$$\min f(x)=\min\sum_{j=1}^{m}w_j\left|y_j-b\right|$$

为了使新节点的坐标能够更简单的确定，位移最小的新节点选址的计算公式应该满足两个条件。

（1）新节点的横坐标（纵坐标）的最优位置是一个中间位置，不超过一半的运输量在新节点位置的左边（纵坐标的下边），并且不超过一半的流量在新节点的右边（纵坐标的上边）。

（2）新节点的横坐标将和某一现有节点的横坐标相同。新节点的纵坐标也和某一现有节点的纵坐标相同，但新节点的（x，y）坐标与现有节点（x，y）坐标不同时一致。

在通常情况下，这两个条件都可以同时得到满足。但也会遇到一些特殊情况，如三点一线问题、处于圆周上的点等问题就可以不用使用上述方法确定节点的位置，而是可以根据具体问题具体分析。

（二）欧几里得选址方法

欧几里得选址方法又叫作精确重心法、网格法和重心法。该方法的操作较为简单，因为其只会涉及两个因素，即运输费率和货物运输量。该方法属于静态连续选址方法。

1. 欧几里得选址方法的具体使用步骤

现有节点 A（x，y），与新节点 P（a，b）之间的距离可以表示为：

$$d(A,p)=k[(x-a)^2+(y-b)^2]^{\frac{1}{2}}$$

其中，k 是将欧氏距离变为实际距离的转换因子，它依赖于区域的实际调查情况。m 个现有节点 $(A_1,A_2,\cdots,A_m)$，每个现有节点和新节点之间会产生流量 w_j，因此位移费用最小的新节点选址的计算方式为：

$$\min\sum_{j=1}^{m}kr_jw_j[(x_j-a)^2+(y_j-b)^2]^{\frac{1}{2}}$$

其中，r_j 为到位置的单位运输费用。上述公式中的最小化问题还可以用求导的方式进行简化。对 a 和 b 各求偏导，令它们为 0，得 a，b。

$$a=(\sum\frac{x_jr_jw_j}{d_j})(\sum\frac{r_jw_j}{d_j})^{-1}$$

$$b=(\sum\frac{y_jr_jw_j}{d_j})(\sum\frac{r_jw_j}{d_j})^{-1}$$

在上述公式中，d_j 指的是新节点和现有节点 j 之间的举例。由于新节点的具体位置还没有确定下来，因此可使用迭代方法进行计算，以此来保证收敛到最优值。由于上述公式与计算机重心的公式相似，因此这种方法又叫作重心法。其迭代步骤为：

（1）确定 a 和 b 的初始值，$a=(\sum x_jr_jw_j)(\sum r_jw_j)^{-1}$，$b=(\sum y_jr_jw_j)(\sum r_jw_j)^{-1}$；

（2）计算距离 $d(A,p)=k[(x-a)^2+(y-b)^2]^{\frac{1}{2}}$；

（3）计算 $a=(\sum\frac{x_jr_jw_j}{d_j})(\sum\frac{r_jw_j}{d_j})^{-1}$，$b=(\sum\frac{y_jr_jw_j}{d_j})(\sum\frac{r_jw_j}{d_j})^{-1}$；

（4）如果 a 和 b 的差值满足收敛条件，那么计算步骤就到此为止，否则转（2）。

2．欧几里得选址方法的优缺点

（1）优点。

该方法据有较大的灵活性，不限于在特定的备选地点进行选择。

（2）缺点。

该方法的缺点主要表现在两个方面：一方面是，由于具有较强的灵活性，因此在使用迭代方法来进行计算实际上是很难进行操作的。因此，所选择的地址可能位于河流、湖泊中间或街道中间，还有的可能会选择在自然条件比较差的地方。另一方面是，从所选节点地点（如物流中心）向需求点发送，通常会被看作是直线往复式的运动吗，实际上这种看法是不恰当的。因为，现实中的物流活动中，往往是一辆车巡回于数个零售店之间，而且还要考虑到道路的实际距离，这就导致该方法在使用过程中会遇到更大的困难。

（三）加权因素分析

该方法的使用会涉及影响节点地址的定量因素和定性因素，在分析之前需要确定一系列的候选地点。其具体操作方式为：

（1）确定选择地点需要考虑的因素及标准、各评价标准的权重或相对重要性。

（2）给每个地点的所有因素从 1 到 10 进行打分。

（3）计算每个地点加权分数，并选择加权评分最高的地点作为选址地点。

$$v(j)=\sum w(i)\cdot s(i,j)$$

其中，$v(j)$ 指的是加权评分；

$w(i)$ 指的是因素 i 的权重；

$s(i,j)$ 指的是地点 j 在因素 i 上的打分。

三、多物流节点选址

在多物流节点选址中，可以使用的方法多种多样，较为常见的是新建物流系统的多节点选址，在确定物流节点的个数之后，可以将单物流节点的选址方法进行扩展运用于多物流节点的选址中，还可以根据物流选址空间特征选取以下几种方法。

（一）多重心法

精确重心法是一种以微积分为基础的模型，用来找出起讫点之间使运输成本最小的中介节点的位置。如果要确定的节点有多个，就要先将起讫点预先分配给位置待定的仓库。这样就形成了数量等于待选址仓库数量的起讫点群落。随后还要找出每个起讫点群落中的重心点。

由于专门针对仓库所进行的起讫点进行分配的方法有很多，尤其是在考虑多个仓库及问题涉及众多起讫点时就更多了。经常使用到的一种方法是，可以将距离较近的多个节点组合起来形成群落，选择群落的重心位置，然后将各点重新分配到这些位置已知的仓库，找出修正后的各群落新的重心位置，继续上述的过程直到没有新的变化产生。所有的步骤完成之后，特定数量仓库的选址计算也就结束了。该方法适用于不同数量的仓库需要重复计算的情况。

（二）穷举法

使用穷举法需要遵循一个基本思路，即穷举各种可能性，将多节点问题变为单节点选址的问题。例如，在一个物流节点的规划中，一个可能的分配是将客户区域 1 给新节点 1，客户区域 2、3 和 4 给新节点 2。在这种分配下，新节点 1 的位置和客户区域 1 的位置是相同的。新节点 2 的位置可以采用中线和重心的方法来进行确定。还有一种可能，就是把客户区域 2 分给新节点 1，现有节点 1、3 和 4 分给新节点 2。在这种情况下，新节点 1 的位置和客户区域 2 的位置就会变成相同的，新节点 2 的位置可以用中线法或是重心法来进行确定。不同分配方案如表 2-2 所示。

表 2-2　新节点分配方案

分配方案	新节点1	新节点2
1	区域1	区域2、3、4
2	区域2	区域1、3、4
3	区域3	区域1、2、4
4	区域4	区域1、2、3

第二个配送中心可以采用重心法来进行确定，节点的最优位置及运输费用如表 2-3 所示。

表 2-3　节点的最优位置及其运输费用

分配方案	新节点2区域	新节点2位置	总运输费用（元）
1	2、3、4	（6，2）	3 457.5
2	1、3、4	（3，5）	2 072.5
3	1、2、4	（6，4）	2 550.O
4	1、2、3	（3，2）	3 930.O

从上表中我们可以看出，物流节点的最优位置实际上也就是运输费用最小的位置，第 2 种选址方案是最恰当的。两个配送中心的位置分别是（8，2）和（3，5），区域 2 应该由第一个配送中心（8，2）提供服务，而区域 1、3 和 4 则应该由第二个配送中心（3，5）提供服务。

（三）模拟选址和启发式选址

模拟节点选址模型指的是，通过代数和逻辑语言来对物流系统进行数学表述，利用计算机技术帮助人们对模型进行处理，可以使用模拟模型来对不同布局方法的效果进行评估。

当前，用于仓库选址问题的经典方法是由库恩（Kuehn）和汉伯格（Hamburger）所建立的，是仓库选址中最为常用的一种方法。

（四）计算机辅助节点设计技术

计算机辅助节点设计技术是一种帮助物流选址的改进方法，是一个以各部门间物料搬运费用逐步减少为优化原则的程序。在使用该方法的过程中，需要向电脑中输入很多的数据，如初始布局、以制表形式表示的流量数据、费用数据和固定节点的数量及位置等。初始布局可以提供节点的具体数目及各自所占的面积。

计算机辅助节点设计技术要求所有的部门都是方形或矩形的。如果内部有闲置的地方，必须要用虚部门来进行代替。除此之外，一些固定部分如休息室、楼梯、走廊等地也需要以虚部门进行代替。在计算机辅助节点设计技术中，距离要以各部门中心点的直线距离来进行计算，其具体的计算步骤为：

（1）给定初始布局，计算距离矩阵（使用各部门的重心）。根据流量、距离和费用，算出总的搬运费用。

（2）可以考虑将其中的两个部门（有相同面积或共同的边界）彼此进行交换，如果在交换后不能产生一个更好的布局，则停止活动，否则就可以继续实行第三个步骤。

（3）选择得到最大费用节省的交换，转第二步。

计算机辅助节点设计技术允许指定一个初始值进行位置交换。如果最大节约少于一定的数额，则不能继续进行位置交换。该方法使用的一个缺陷是，不能将所有位置交换的可能性都考虑到，因此就不能保证所得到的结果是最优值。

第四节　物流节点的布局规划

物流系统节点的规划就是指在具有若干供应点和需求点的经济区域内选一个地址设置物流节点的规划过程。物流节点的合理布局是以物流系统和社会的经济效益为目标的，用系统学的理论和系统工程的方法，综合考虑货物流通的供需状况、运输条件、自然环境等因素，对物流配送中心的节点位置、规模、供货范围等进行研究和设计，以达到成本最小、流量最大、服务最优的目标。

一、物流节点布局规划的原则

（一）统一规划原则

想要充分发挥出物流系统节点的功能，需要多方面的保证，如政策、社会等宏观因素和条件的指导和支持，这些都是需要政府的推动和实施。政府在物流系统节点的规划建设中具有重要的作用，其需要承担起基础条件的创造者和运作秩序的维护的责任，根据以往的货运流通量预测未来物流系统节点需要发展的规模。在全面分析物流资料的基础之上，做好物流系统节点的规划。

在规划物流节点布局的过程中，政府要做到具体问题具体分析，按照区域经济的功能、布局和发展趋势，依据物流需求量和不同特点来进行统一的规划，要打破地区、行业的界限，按照科学布局、资源整合、优势互补、良性循环的思路进行整体规划，防止各自为政、恶性竞争、盲目布点、贪大求洋等不良情况的出现。

（二）高起点现代化原则

现代物流系统节点是一个具有关联性、整合性、集聚性和规模性的总体，其规划应该是一个高起点的中长期规划，并具有先进性和综合性。在设计物流系统节点时，应主要考虑以下因素：

（1）各种运输方式、运输节点的分布。

（2）城市与区域主要物流方向。

（3）物流用地的区位优势。

（4）产业布局及物流市场、资源的布局。

（5）有利于整个物流网络的优化。

（6）有利于充分利用现有的物流节点。

（7）有利于各类节点的合理分工、协调配合。

（三）市场化运作原则

在对物流节点进行规划时，还要注意坚持市场运作原则，以企业为主体，在物流系统节点的功能开发建设、企业的进驻和资源整合方面，都要有优良的基础节点、先进的物流功能和周到有效的企业服务来吸引物流企业和投资者共同参与，以此建立一个公平、公正的物流市场环境，使各个物流企业之间能够形成一种良好的竞争态势。

（四）人才优先原则

物流系统节点的建设规划是一个极为庞大、复杂的工程，其涉及到多个不同的领域，因此就必须要有很多不同领域的专家性人才参与到物流节点的规划建设中来。所谓专家型人才，指的是在某个领域积聚了多年经验，在理论上有一定造诣、有一定技术专长的人员。他们虽然在各自的领域到有其独特之处，但却不是全能的。例如，按专业划分，有土建专家、机械专家、计算机专家等。因此，在项目进行的不同阶段中，就应该充分发挥不同专业领域专家的才能。

（五）柔性化原则

现代物流系统节点的规划建设具有投资大、周期长、效应长、风险大等特点，因此在现代物流系统节点的规划建设中就应该遵守柔性化的原则，建立一种科学的投资决策机制和项目风险评估机制，确定规划中持续改进机制的地位，确立规划的阶段性目标，在规划实施的过程中建立阶段性的评估检查制度，以此保证物流节点规划建设的质量和顺利实现。

二、物流节点布局规划的步骤

（一）分析限制条件

对物流节点进行布局规划的主要目的是将系统总成本降到最低。在对物流节点进行规划的过程中，需要考虑到多种不同的限制因素。

1．交通的限制

对于物流企业来说，由于只能选择能够将货物送达客户的方式，因此对于大多数的客户来说，职能选择公路运输的方式，因此在物流节点选址的过程中就应该侧重于公路交通枢纽附近或交通干线附近。

2．资金的限制

由于每个地区经济发展水平有一定的差异，因此不同区域的物流节点流所花费的成本也有很大的差异。

3．能源的限制

对于物流节点来说，供热、供电等能源系统是其赖以生产的基础。

4．周边环境的限制

在物流节点规划建设的过程中，周边环境的税收、关税等会对物流布局的决策产生很大的影响。

除此之外，物流企业所运输的一些特殊的商品，还会收到物流节点温度、湿度、雨量等自然因素的限制。

（二）初步确定选址

在对所有的限制因素都进行了全面考虑之后，就可以聘请专家和高层管理人员初步确定选址范围，即确定初始选址地点。

（三）收集整理资料

确定物流节点布局方案需要对相关因素进行定量和定性分析，这就需要收集整理大量的数据资料，以作为依据。收集整理的资料包括：

（1）物流节点建设成本；

（2）交通状况；

（3）运输批量、频率；

（4）客户分布；

（5）客户生产经营状况；

（6）客户对时效性的要求；

（7）物流量；

（8）产品特征等。

（四）定量分析模型

随着计算机技术和数学的不断发展，数学方法已经开始被广泛应用于物流节点选址的问题之中。在具体的物流节点布局方案中，需要根据对现有已知条件的掌握，选址要求等，针对不同情况选用一个或多个具体模型进行定量分析。

结合市场适应性、土地条件、服务质量等，对计算结果进行评价，看其是否具有现实意义及可行性。

（五）确定布局方案

以定量分析结果为基础，通过专家判断法、模拟法等定性分析来求出解。但需要注意的是，这些方法所得出的最后结构并不一定就是最优解，其可能只是符合一定条件的解。

三、物流节点布局规划的内容

在物流节点布局规划中，需要考虑的主要是节点选址和节点布局的问题。在节点选址中，其主要考虑的是要根据费用或是其他的选择标准来确立节点的最佳地址，节点选址对土地使用和建筑费用、地方税收和保险、劳动力成本及可得性或到其他节点的运输费用等都会产生很大的影响。而对于节点布局来说，其对物流费用的影响较大。

（一）整体布局规划设计

物流系统节点布局规划设计，是指在一定层次和地区范围内，确定物流系统节点合理的空间布局方案。对物流系统布局进行设计的主要目的是，构筑公共物流网络。根据规划区域范围的不同，可以将物流系统布局设计划分为全国、区域、城市等多个不同的层次。范围越大，层次越高，区域规划的不同层次，其对物流系统设计要求的侧重点也有所不同。对于大范围、高层次的物流网络的设计来说，其最为关注的应该是干线通道和主要物流枢纽城市、机场、港口、物流园区、物流中心等物流节点之间的协调配合、通力合作。

企业物流系统节点布局规划设计是在共享社会物流系统网络的基础上，对物流系统仓库、车站等的空间布局方案的设计确定过程。在企业物流系统节点的设置和构成中，需要充分考虑和利用社会物流系统的物流通道资源和已有的物流枢纽和节点。北京各类物流节点的布局规划，如表 2-4 所示。

表 2-4　北京各类型物流节点布局规划

	物流园区	物流中心	配送中心
运输条件	紧邻六环，紧邻至少两条城市道路放射线和联络线，货物进出六环交通方便； 紧邻国道、高速公路或者城市快速路出入口，交通方便； 不同运输工具之间频繁换装； 紧邻干线铁路或者离最近的铁路货运车站距离小于 5 公里	在四环到六环之间紧邻至少两条城市道路放射线和联络线，货运汽车从四环到六环各个方向进出城市交通方便； 紧邻国道、高速公路、城市快速路出入口，或者离铁路货运站距离小于 2 公里，交通方便；不同运输工具之间要频繁换装	在三环到四环之间紧邻至少两条城市道路放射线和联络线，货运汽车从三环到四环各个方向进出城市交通方便； 紧邻国道、高速公路、城市快速路出入口，或者离铁路货运站距离小于 2 公里，交通方便

续表

	物流园区	物流中心	配送中心
商业环境	进出城市的货物流量大（不含过境货流）； 周边环境好，30公里内有现存或者规划的商业中心区、商业街、万米以上大型购物中心、大型批发市场、边缘集团、卫星城或工业区	进出城市的货物流量大（不含过境货流）； 10公里内有现存或者规划的地区级商业中心区、商业街、万米以上大型购物中心、大型批发市场、边缘集团、卫星城或工业区	10公里内有现存或者规划的市级、地区级及社区商业中心区、商业街、各种业态的批发和零售企业
土地使用	在北京市总体规划中有足够的仓储用地或者能够将土地性质改变为仓储用地的地块； 规划地块的征用、开发和使用成本较低	在北京市总体规划中有足够的仓储用地或者能够将土地性质改变为仓储用地的地块； 规划地块的征用、开发和使用成本较低	在北京市总体规划中有足够的仓储用地或者能够将土地性质改变为仓储用地的地块； 规划地块的征用、开发和使用成本较低
节点布局	两个物流园区相距在30公里左右，与独立物流中心和配送中心组成布局合理的完整的物流网络体系	两个物流中心之间、物流中心与物流园区、物流中心与配送中心之间的距离均在15公里左右，与物流园区和配送中心组成布局合理的完整的物流网络体系	正常交通情况下，从配送中心到配送区域内最远配送点单程行驶时间不超过1小时； 两个配送中心之间、配送中心与物流中心之间的距离均为10公里左右，与独立物流中心和物流中心组成布局合理的完整的物流网络体系

（二）内部布局规划设计

在物流系统节点布局设计中，不仅要考虑到节点的空间布局（包括物流节点的选址、数量、种类、规模的配置），并且还要对物流系统节点的内部布局进行规划设计。对物流节点内部布局的设计主要是根据物流节点的功能、作业流程和服务质量要求等方面来确定物流节点内部各种节点的平面布局方案的，如物流中心的仓储区、分拣区、加工区、内部通道等的布局等。

根据物流系统的作业要求和作业特点，应该选择先进适用的物流设备和器具，以此提高物流的作业效率。内部布局规划设计所包含的内容有多个方面，如装卸搬运设备的选型和布局设计，运输工具的选型设计，仓库货架系统的选型和平面布局设计，包装与流通加工装备以及器具的选型和布局设计，分拣设备的选型和布局设计等。日本东京都物流团地内货物集散中心的作业情况如表 2-5，表 2-6 所示。

表 2-5　日本东京都物流团地内货物集散中心基本信息

名称	京浜	板桥	足立	葛西
占地面积（平方米）	222 890	115 828	113 328	185 000
车位数量（个）	433	320	340	460
站台面积（平方米）	36 242	22 200	22 178	37 959
货物处理能力（每日）	12 000吨，438万吨/年	7 000吨，255.5万吨/年	7 000吨，255.5万吨/年	11 500吨，419.75万吨/年
始用年月	1968年6月	1970年10月	1977年4月	1983年4月
投资额（含土地费）	123亿日元	69亿日元	96亿日元	193亿日元

表 2-6　日本东京都物流团地内货物集散中心设施信息

名称	京浜	板桥	足立	葛西
货物处理场	1 号～11 号	1 号～8 号	1 号～9 号	1 号～9 号
站台面积（平方米）	36 242	22 200	22 178	37 959
台高（米）	1.3	1.3	1.2	1.15
办公室用地面积（平方米）	3 110	1 611	2 638	3 310
配送中心面积（平方米）	50 363	17 427	11 077	26 686
车站（平方米）	18 702	14 400	15 441	19 278
集配车场所（平方米）	18 183	10 186	15 441	12 960
调车场（平方米）	72 163	35 437	29 024	41 653
停车场（平方米）	29 946	17 510	19 841	29 795

第三章　物流系统仓储与运输规划

运输、仓储、库存等是物流与供应链系统中的基本作业和环节，是企业物流供应链不可缺少的一部分。企业如何在物流管理中加强对上述各项组成部分的管理对提高企业物流系统的运作效率，更是事关企业经济效益的一个战略性问题。本章主要讲述四个方面的内容，一是仓库规划与仓库管理，二是仓促绩效，三是物流运输网络的建设，四是物流送货的基本规划与管理。

第一节　仓库规划与库存管理

一、仓库规划

（一）仓库结构规划

1. 仓库总体构成

（1）生产作业区。

生产作业区是仓库的主体部分，即堆存商品、运输商品的场所。通常拉私活，仓库的生产作业区主要包括储货区、铁路专用线、道路、装卸台等。

储货区是储存保管的场所，具体分为库房、货棚、货场。货场不仅可存放货品，同时还起着货位的周转和调剂作业的作用。铁路专用线、道路是库内外的商品运输通道，货品的进出库，库内货品的搬运，都得通过这些运输线路。专用线应与库内道路相通，并保证其畅通。装卸站台是供货车或汽车装卸货品的平台，有单独站台和库边站台两种，其高度和宽度应根据运输工具和作业方式而定。

（2）辅助生产区。

辅助生产区是为商品储运保管工作服务的辅助车间或服务站，包括车库、变电室、油库、维修车间等。

（3）行政生活区。

行政生活区是仓库行政管理机构和生活区域。一般设在仓库入库口附近，便于业务接洽和管理。行政生活区与生产作业区应分开，并保持一定的距离，以保证仓库的安全及行政办公和居民生活的安静。

2．仓库结构设计应考虑的因素

仓库结构对实现仓库的功能起着很重要的作用。仓库的结构设计应考虑以下几个方面：

（1）平房建筑和多层建筑。

从出入库作业的合理化方面考虑，仓库结构应尽可能地采用平房建筑，这样储存商品就不必上下移动，因为利用电梯将储存商品从一层搬运到另一层时费时费力，而且电梯往往也是商品流转中的一个瓶颈，许多物料在搬运时通常会竞相利用数量有限的电梯而影响库存作业的效率。但是，在城市内，尤其是在商业中心地区，那里的土地数量有限或者价值昂贵，为了充分利用土地，采用多层建筑成了最佳的选择。在采用多层仓库时，要特别重视对上下楼的通道设计。

（2）仓库出入口和通道。

仓库出入口的位置和数量是由"建筑的开建长度、进深长度""库内货物堆码形式""建筑物主体结构""出入库次数""出入库作业流程"以及"仓库职能"等因素所决定的。出入库口尺寸的大小是由卡车是否能出入库内决定的，所用卡车的种类、尺寸、台数、出入库次数，保管货物尺寸大小所决定的。库内的通道是保证库内作业畅顺的基本条件，通道应延伸至每一个货位，使每一个货位都可以直接进行作业，通道需要路面平整、平直，减少转弯和交叉。

（3）立柱间隔。

库房内的立柱是出、入库作业的障碍，会导致保管效率低下，因而立柱的数量应尽可能地减少。但当平房仓库梁的长度超过 25 米时，建立无柱仓库有困难，则可设中间的梁间柱，从而使仓库成为有柱结构。

（4）天花板的高度。

由于企业实现了仓库的机械化、自动化，因而现在对仓库天花板的高度也提出了很高的要求。即在设计天花板高度时要充分考虑仓库建成投入使用后，需要使用什么样的仓储装卸工具，根据这些工具的某些特殊要求来设计。

（5）地面。

地面的构造主要考虑地面的耐压强度。通常的，地面的负荷能力是由保管货物的重量、所使用装卸机械的总重量、楼板骨架的跨度等所决定的。

而流通仓库的地面承载力，还要保证重型叉车作业的足够受力。

（二）仓库布局规划

仓库布局是指一个仓库的各个组成部分，如库房、货棚、货场、辅助建筑物、铁路专用线、库内道路、附属固定设备等，在规定的范围内，进行平面和立体的、全面合理的安排。

1．仓库总平面规划布置的要求

（1）要适应企业仓储流程，有利于企业仓储生产的正常进行。

总平面规划布置的具体操作如下：

1）单一的物流方向。仓库内货品的卸车、验收、存放地点之间的安排，必须适应仓储的生产流程，按一个方向流动。

2）最短的运距。应尽量减少迂回运输，专用线的布置应在库区中部，并根据作业方式、仓储货品品种、地理条件等，合理安排库房、专用线与主干道的相对性。

3）最少的装卸环节。减少在库货品的装卸搬运次数和环节，货品的卸车、验收、堆码作业最好一次完成。

4）最大地利用空间。仓库总平面的布置是立体设计，应有利于货品的合理存储和充分利用库容。

（2）有利于提高仓库使用效率。

提高仓库使用效率的方法主要有以下几个。

1）要因地制宜，充分考虑地形、地质条件，满足货品运输和存放的要求，并能保证仓库的充分利用。

2）布置应与竖向布置相适应。所谓竖向布置，是指建立场地平面布局中每个因素，如库房、货场、转运线、道路、排水、供电、站台等，在地面标高线上的相应位置。

3）总平面布置应能充分、合理地使用机械化设备。合理配置设备的数量和位置，并注意各种设备之间的配套使用，便于开展机械化作业。

（3）有利于保证安全生产和文明生产。

保障安全和文明生产的方法应从以下几个方面考虑。

1）库内各区域间、各建筑间应根据《建筑设计防火规范》的有关规定，留有一定的防火间距，并有防火、防盗等安全设施。

2）总平面布置应符合卫生和环境要求，既满足库房的通风、日照等要求，又要考虑环境绿化、文明生产的问题，从而保证职工的身体健康。

2. 仓库布局规划的原则

（1）尽可能地采用单层设备，这样做可以保证仓库的造价低，资产平均利用效率高。

（2）使货物在出入库时是单向和直线运动，避免逆向操作和大幅度改变方向的低效率运作。

（3）采用高效率的物料搬运设备及操作流程。

（4）在仓库里采用有效的存储计划。

（5）在物料搬运设备大小、类型、转弯半径的限制下，尽量减少通道所占用的空间。

（6）尽量利用仓库的高度，也就是说，有效地利用仓库的容积。

2. 仓库使用规划的要求

（1）仓库位置应便于货物的入库、装卸和提取，库内区域划分明确、布局合理。

（2）集装箱货物仓库和零担仓库尽可能地分开设置，库内货物应按发送、中转、到达货物分区存放，并分线设置货位，以防事故的发生；要尽量减少货物在仓库内的搬运距离，避免任何迂回运输，并要最大限度地利用空间。

（3）有利于提高装卸机械的装卸效率，满足装卸工艺和设备的作业要求。

（4）仓库应配置必要的安全、消防设施，以保证安全生产。

（5）仓库货门的设置，既要考虑集装箱和货车集中到达时的装卸作业要求，又要考虑由于增设货门而造成堆存面积的损失。

（三）仓库使用规划

仓库使用规划就是为了方便作业、提高库场利用率和作业效率、提高货物保管质量，依据专业化、规范化、效率化的原则对仓库的使用进行分工和分区。确定的货位安排、作业路线布局，合理地使用仓库，可以实现库场利用率和作业效率的提高。我们从以下几个方面向大家介绍仓库的使用规划。

1. 仓库使用规划的原则

（1）仓库专业化。

分工和专业化是现代社会大生产的标志。分工和专业化促进了生产力的发展，提高了社会劳动生产率，为社会创造了巨大的财富。仓库生产作业的分工和专业化是必不可少的，仓库管理同样需要分工和专业化。

（2）效率化。

除了通过专业化的分工提高仓库管理的质量外，仓库使用规划的主要目的是：实现高效率的仓库管理和使仓库作业能高效率地进行；实现货物周转速度的提高，减少压仓压库的现象，特别是中转型仓库，高效率的周转是仓库的生命。对任何仓库来说，快捷的货物进出、方便的作业、高效率的作业速度都得到送货人、提货人的欢迎。稳定的仓库使用规划，使库位的使用固定化，方便员工熟悉和实现快捷的货物查询。

（3）充分利用仓库。

仓库使用规划是在现有仓库的基础上进行的规划，要根据现有仓库的场地特件、设备条件，针对仓库的货品种类，合理地进行规划，使仓库的每一个空间都可以得到充分利用。作业便捷的货位则用于周转量大的货品仓储，而不便操作的货位则用于保管长期存储的货品。作业路线合理规划，不仅要实现作业的快捷，还要使作业线路最少地占用仓库面积，提高空间利用率。分散或者集中作业都能满足仓储作业的需要，但不同的仓储物、不同的作业方式，对空间使用会造成极大的差别，应根据仓储作业的需要规划作业区。

（4）从企业管理的原则进行规划。

企业在生产和机构设定上要遵循“以任务为目标、专业分工、管理幅度和管理层次”的原则。将此原则运用到仓库管理之中，则会出现仓库的分段、分片管理，作业规划和机构的设定。对不同的生产过程进行作业分工和业务分类，并由不同的生产单位承担，是库场规划的一种重要方法。

合适的管理幅度的划分，使得人员管理到位、责任明确，员工激励和监督能有效进行，保证仓库管理有条不紊，员工的劳动业绩得以准确反应，便于考核，避免作业较差、管理重叠或真空地带的出现。

2．仓库使用规划过程中应考虑的因素

（1）仓库的现状和未来的发展；

（2）仓库的经营方式和仓储对象；

（3）仓库的机械化程度和未来的发展；

（4）仓库的管理方法和能力，员工的素质；

（5）仓库所面临的外部物流条件；

（6）安全仓储和消防管理的需要。

3．仓库使用规划的内容

（1）仓库的总体合理布局。

根据仓库生产和管理的需要，对整个仓库的所有设施进行用途规划，确定生产、辅助生产、行政等场所，仓库、作业、道路、门卫等的分布和确定，并对各类设施和建筑进行区别。如仓库货场编号、道路命名、行政办公区识别等。

（2）仓库的专业化分工。

一般按照仓储物种进行分类分区，对于专业化的仓库可以按照不同的作业方式进行划分。专业分区使得仓库形成如食品区、日用品区、机电区、物资区或者保管区、验货区、包装区等分区。

（3）仓库员工的分工和管理范围。

按照仓库员工的管理幅度需要确定班、组管理范围，确定仓库工作岗位和岗位职责。

（4）仓库货位的安排和用途，作业道路和仓库的作业流程。

为了实现安全保管和快捷作业，将仓库、货场划分为一定的货位，并对货位进行编号。确定仓库、货场内的作业通道，保证每一个货位都能与通道相通，并制定每一个仓库和货场作业流程的进出口和运送方向。

（5）仓库的未来发展。

其包括仓库的发展战略和规模（仓库的扩建、改造、仓库吞吐、存储能力的增长等）以及仓库机械化发展水平和技术改造方向，如仓库的机械化、自动化水平等。

（6）仓库的主要经济指标。

如仓库的主要设施利用率、劳动生产率、仓库吞吐存储能力、物资周转率、储存能力利用率、储运质量指标等。

因此，仓库使用规划是在仓库合理布局和正确选择仓库地址的基础上对库区的总体设计。仓库建设规模以及仓库储存保管水平的确定，使仓库形成相对稳定的布局和管理系统。

二、库存管理

（一）库存与库存管理概述

凡是处在储存状态的物资，都可以称作库存物资，简称库存。所谓储存状态，有比较广泛的含义。它既包括仓库中的物资，也包括不存在仓库中物资，无论是长期和短期的储存，还是临时性的储存，都是库存。例如，在途物资，零售商店里货架上的存货，或者是临时性堆放在生产车间里的在制品或原材料，都可以称作库存。

库存按其所处的领域分，可以分为生产库存和流通库存。生产库存是为生产的各个环节顺利进行提供物资准备的库存，主要包括原材料库存、零配件库存和在制品库存等。流通库存是指在流通过程中准备用于批发、零售等销售环节的库存，主要包括生产企业的成品库存、流通企业的批发库存、零售库存等。

库存管理就是对库存物资的管理。主要包括库存业务管理、库存物资品种数量的管理、库存成本管理和库存量的控制管理。库存管理的核心问题就是库存控制。

库存管理的宗旨或目标主要是在保障供应的前提下尽可能降低成本。拥有足够的库存是为了满足用户对产品的需求，不至于因库存短缺而停产或丧失销售机会，同时可能在规模生产、运输和购买折扣中获得成本的节省。但持有存货是需要付出成本的，如资金占用、库存物资保管、库存损失和库存风险等。因此，库存管理就是要通过科学而巧妙的运作，做到既保障供应，又要降低成本。

（二）库存控制管理

库存控制是一个庞大的系统，它一般可以分成 20 个模型。但是它总的可以归结为两大系统：定量订货系统和定期订货系统。因此定量订货法和定期订货法是库存控制的最基本的方法。它们可以适用于随机型库存，也可以适用于确定型库存。

库存控制方法，实际上又可以叫作订货策略。它们主要都是解决订货有关的三个问题：什么时候订货，即订货点、订货时机；订多少，即订货批量；如何实施，即订货方法。

1. 定量订货法

所谓定量订货法，就是预先确定一个订货点和订货批量，随时检查库存，当库存下降到订货点时就发出订货。在整个系统运作过程中订货点和订货批量都是固定的。订货点和订货批量的确定取决于库存物资的成本和需求特性，以及相关的存货持有成本和再订购成本。

2. 定期订货法

定期订货法的原理，是预先确定一个订货周期 T^* 和一个最高库存量

Q_{max}，周期性地检查库存，发出订货。订货批量的大小应使得订货后的“名义”库存量达到额定的最高库存量 Q_{max}。

3. 库存分类管理方法—ABC 分类管理法

通用电气公司的 H.Ford.Dicky 是以为著名的管理专家，他首先认识到要根据库存项的重要性来对其进行排序。他建议通用应根据相对销售量、现金流、交货周期或成本来对库存进行分类，他使用我们现在称之为 ABC 分析的方法实施他的特殊分类规划。这个系统根据库存项的相对影响和价值，分为三组。例如，那些被认为具有最大的影响或价值的库存项构成 A 组，而影响或价值相对次要的分别构成 B 和 C 组。

第二节　仓储的绩效评价

一、仓储绩效评价的意义和原则

（一）仓储绩效评价的意义

无论在企业管理中还是在社会物资的流通过程中，仓库都是及其重要的一个功能单位，并且担负着货主企业生产所需的各种货品的收发、储存、保管保养、控制、监督和保证及时供应货主企业生产和销售经营需要等多种职能。仓库管理活动这是针对仓库的这些功能进行的优化和调度，仓库管理对于货主企业是否能够按计划完成生产经营目标、控制仓储成本以及货物流通总成本具有极为重要的意义。

仓储绩效评价是对仓库管理效率的最直观描述，它可以作为衡量仓库管理水平高低的尺度，通过仓储绩效评价，企业物流管理人员可以发现自己管理中的不足，对提高企业的仓库管理遂平、降低货物仓储成本具有重要的作用。

1. 加强管理、降低仓储成本

仓库可以利用生产绩效考核指标对内考核仓库各个环节的计划执行情况，纠正运作过程中出现的偏差。具体表现有以下几个方面。

（1）有利于企业物流管理人员发现自身仓库管理中的不足，提高企业的仓储管理水平。

（2）明确企业仓库管理的具体标准和岗位职责，有利于落实岗位责任制，提高仓库管理的规范性。

（3）为了达成企业仓储绩效评价的评价指标，企业会引进新的管理技术和管理设备，有利于企业仓储管理的现代化。

（4）提高仓储管理的效率，降低仓储成本，提高企业的经济效益。

2．进行市场开发，接受客户评价

仓库还可以充分利用生产绩效考核指标对外进行市场开发和客户关系维护，给货主企业提供相对应的质量评价指标和参考数据。具体有以下几个方面的原因。

（1）科学规范的仓库管理体系可以提高企业的供货速度和资源利用效率，赢得客户的好感。

（2）有利于稳定客户关系。

（二）仓储绩效考核指标的制定原则

为了保证仓储绩效评价真正发挥作用，指标体系的科学制定和严格实施、管理非常重要。仓储绩效考核指标制定应遵循的原则如下：

（1）科学性。

仓储绩效考核指标的科学性原则要求所设计的指标体系能够客观地、如实地反映仓储生产的所有环节和活动要素。

（2）可行性。

仓储绩效考核指标的可行性原则要求企业设计的评价指标必须基于企业的实际情况之上以保证该绩效评价指标公布之后能够切实的得到各阶层工作人员的执行。

（3）协调性。

仓储绩效考核指标的协调性原则是指用来进行绩效考核和评价的各项要求应该相互联系，有内在的逻辑性，而不是相互矛盾和重复的。

（4）可比性。

仓储绩效考核指标的可比性是指企业在执行绩效评价指标的过程中，要保证前后执行尺度和内容的一致性，从而使绩效评价获得的数据信息具有整体上的可比性。

（5）稳定性。

仓储绩效考核指标的稳定性原则是指企业的仓储绩效评价指标在确定后，要保持其在一定时期内的稳定，不宜频繁更改。如果在执行过程中发现其不足之处，应该逐改进和完善。

二、仓储绩效评价指标体系

仓储绩效评价指标体系是反映仓库生产成果及仓库经营状况的各项指标的总和。指标的种类由于仓库在供应链中所处的位置或仓库的经营性质不同而有繁有简。

（一）进出货作业效率评价指标

（1）站台利用率。

考核站台的使用情况是否因数量不足或规划不佳造成拥挤或低效。

$$站台利用率=\frac{进出货车装卸货停留总时间}{站台泊位数\times工作天数\times每天工作时数}\times100\%$$

（2）站台高峰率。

$$站台高峰率=\frac{高峰车数}{站台泊位数}\times100\%$$

（3）人员负担和时间耗用。考核进出货人员工作分配及作业速度，以及目前的进出货时间是否合理。

$$每人每小时处理进货量=\frac{进货量}{进货人员数\times每日进货时间\times工作天数}$$

$$每人每小时处理出货量=\frac{出货量}{进货人员数\times每日出货时间\times工作天数}$$

$$进货时间率=\frac{每日进货量}{每日工作时数}\times100\%$$

$$出货时间率=\frac{每日出货量}{每日工作时数}\times100\%$$

（二）储存作业评价指标

（1）设施空间利用率。

设施空间利用率的计算公式如下：

$$单位面积保管量=\frac{平均库存量}{可储存面积}$$

$$平均每品项所占货位数=\frac{货架货位数}{总品项数}$$

（2）库存周转率。

库存周转率的计算公式如下：

$$库存周转率=\frac{出货量}{平均库存量}\times 100\%$$

或

$$库存周转率=\frac{销售额}{平均库存金额}\times 100\%$$

（三）订单处理作业评价指标

（1）订单延迟率。

衡量交货的延迟状况。

$$订单延迟率=\frac{延迟交货订单数}{订单总量}\times 100\%$$

（2）订单货件延迟率。

考察仓库是否应该实施客户重点管理，使自己有限的人力、物力做到最有效的利用。

$$订单货件延迟率=\frac{延迟交货量}{出货量}\times 100\%$$

（3）差错率。

用于衡量备货作业质量。

$$差错率=\frac{备货差错笔数}{订单总笔数}\times 100\%$$

（四）服务质量评价指标

（1）服务水平。

服务水平计算公式如下：

$$服务水平=\frac{满足要求次数}{用户要求次数}\times 100\%$$

（2）交货水平。

交货水平计算公式如下：

$$交货水平=\frac{按交货期交货次数}{总交货次数}\times 100\%$$

（3）商品完好/缺损率。

商品完好/缺损率计算公式如下：

$$商品完好率=\frac{交货时商品完好量}{物流商品总量}\times 100\%$$

$$商品缺损率=\frac{缺损商品量}{物流商品总量}\times 100\%$$

（5）交货期质量。交货期质量计算公式如下：

$$交货期质量=\frac{规定交货期}{实际交货期}$$

（五）仓储经营管理综合指标

（1）仓库坪效。

衡量仓库单位面积（每平方米）的营业收入（产值）。

$$仓库坪效=\frac{仓库产值}{仓库总建筑面积}$$

（2）仓库生产率。

仓库生产率是仓库实际产出与实际投入的比率，以此可以测定仓库生产过程满足需求的效率。

$$仓库生产率=\frac{某时期装运的订单数}{每时期装运的平均订单数}\times 100\%$$

或

$$仓库生产率=\frac{同时期装运的订单数}{某时期接受的订单数}\times 100\%$$

（3）固定资产周转率。

衡量仓库固定资产的运作绩效，评估所投资的资产是否充分发挥效用。

$$固定资产周转率=\frac{仓库产值}{全库固定资产总值}\times 100\%$$

（4）产出与投入平衡率。

判断是否维持低库存量，与零库存的差距多大。

$$投入与产出平衡率=\frac{进货量}{出货量}\times 100\%$$

第三节　物流运输网络的规划

一、运输网络规划的内容及影响因素

（一）运输决策的内容

1. 运输方式

运输方式是运输网络规划必须要考虑的一个方面。具体来说，运输方式就是将产品从供应商或销售商所在的地域位置移动到另一个地域位置所采取的方式。一般情况下，有以下六种基本运输方式可供选择：

（1）航空运输。

航空运输是最昂贵、最快捷的运输方式。

（2）公路运输。

公路运输是较快速、较廉价、高度灵活的运输方式。

（3）铁路运输。

铁路运输是适用于大宗货物的廉价运输方式。

（4）水陆运输。

水陆运输是最慢的运输方式，通常是大宗海外货运唯一的经济选择。

（5）管道运输。

管道运输主要用于输送石油和天然气。

（6）电子运输。

电子运输是一种最新的、电子化的、通过互联网完成的“运输”方式，可“输送”诸如音乐之类原来只以物态形式流通的商品。

每一种运输方式在速度、货运规模、货运成本和灵活性方面都有自己的优势和劣势，企业在决定采用哪种方式进行商品和货物的运输时，应该根据企业自身的特点、商品的性质以及运输距离的长短等选择成本最低、收益最高的运输方式。

2. 路径和网络选择

对运输路径和运输网路的选择上，企业管理者必须进行缜密的考虑。我们这里所说的路径实际上是指企业产品或商品的运输的路线；同样，网络是指企业产品或商品运输的地点与路径的总和。我们可以举例向大家说明这个问题，企业产品或者商品的配送需要决定是直接配送，还是利用第三方物流企业进行配送。一般来说，企业在供应链设计阶段就要做出运输路径决策。

3. 内部化还是依靠外部资源

在传统的货物运输上，大部分运输职能是企业自己完成的，但是随着社会物流企业的发展，目前很多企业都撤销了专门的货运部门，将这一企业职能交给又第三方物流企业完成。无论企业采用任何形式的运输方式和运输路径，在当其决策运输体系时，都必须在企业自己运输与选择第三方物流企业之间做出明确的选择。

4. 反应能力与盈利水平的全面权衡

关于企业运输策略的选择，其最根本的处发现就是某一给定产品的运输费用（盈利水平）与运输速度（反应能力）之间的权衡，换句话说就是运输策略的选择应该。

（二）影响运输决策的因素

在供应链管理环境下的任何运输决策中，企业都必须考虑两个至关重要的因素，即货物的托运人以及货物的承运人。二者在货物运输中扮演这着最重要的两个角色，托运人要求货物在供应链的两节点企业之间发生位移，而承运人则按照托运人的要求进行货物的移动或运输。

1. 影响承运人决策的因素

承运人在进行固定资产投资、制订价格以及运营策略的时候，必须考虑到以下几项成本：

（1）与运输工具相关的成本。

这是指承运人购买或者租赁运输工具所发生的成本。这项成本不论运输工具使用与否都会产生，承运人在短期运营决策中把它作为固定成本，但当制订长期战略或中期计划时，这些成本是可变的，购买或者租赁运输工具的数量，是承运人要做出的一个选择。与运输工具相关的成本是与购买和租赁的运输工具的数量成比例的。

（2）固定运输成本。

这项成本包括运输枢纽建设成本、机场建设成本及与运输是否发生无关的劳动力成本。像货运终点站和机场的建设，这些成本与进入终点站的货车数量或使用机场的飞机数量无关。如果司机的工资与其出车安排无关，则其工资也应当计入该项成本。对于运营决策来说，这项成本是固定的，对涉及设施选址、设施规模的规划和战略决策而言，这项成本是可变的。固定运营成本通常与运输设施的规模成正比。

（3）与运距有关的成本。

一旦运输工具投入运行，此项成本就发生了，它包括劳动力报酬和燃料费用。顾名思义，与运距相关的成本与运输路途长短、运输持续时间是相关的，但它与运输产品的数量无关。在进行战略规划时，此项成本被视为变动的，在作影响运距和运输持续时间的经营决策时，此成本也是可变的。

（4）与运量有关的成本。

此项成本包括货物装卸费用以及与运量有关的燃料费用。在运输决策的过程中，这些费用通常是变动的，除非装卸货物的劳动力成本是固定的。

（5）运营成本。

这项成本包括设计、安排运输网络的费用以及任何有关的信息技术投资。例如，当货运公司投资于一种有助于管理者进行运输线路决策的线路规划软件时，对软件的投资以及软件维护、操作的费用就属于经营成本。

承运人的大部分成本与货车、火车或轮船装载的运量无关，而取决于运输线路设计与运输工具安排。承运人应当在战略和规划决策时，将上述所有成本视为可变的；而在运营决策时，把大多数成本看作固定不变的。

承运人的决策还受到以下两个因素的影响：一是承运人追求的对目标市场的反应能力；二是市场能承受的价格。我们举例来说明这个问题，联邦快递公司采用航空运输网，以提供快速、可靠的包裹递送服务。相反，美国联合包裹递送中心则采用航空和公路运输相结合的方式，提供相对廉价但速度也较慢的服务。这两大运输网络的差别在服务价格表上得到了体现。联邦快递公司主要依据包裹的大小来收费，而美国联合包裹递送中心则依据包裹大小和目的地两个因素来确定价格。从供应链的角度来看，当价格与目的地无关而且运输的速度非常重要的时候，航空运输网络是比较适合的；而当价格随目的地而变化，且较慢的运输速度可以被接受时，公路运输网就比较适合了。

2. 影响托运人决策的因素

托运人决策包括三项内容：运输网设计，运输工具选择以及对不同客户采取不同的运输方式。托运人的目标是：在以承诺的速度满足客户需求的同时，使总成本最小化。托运人进行决策时，必须考虑到以下成本：

（1）运输成本。

这包括为将货物运送到消费者手中而向不同承运人支付的总费用。这项成本主要取决于不同的承运人的报价以及托运人选择的运输方式，即选择廉价但较慢的运输方式还是选择高价但较快的运输方式。当承运人独立于托运人时，运输成本就是可变的。

（2）库存成本。

这是指在托运人的供应链网络中保管库存货物所耗费的成本。库存成本在短期运输决策中是不变的，而在设计运输网络或制定运营策略时则是可变的。

（3）设施成本。

这是指供应链网络中托运人的各种运输设施的成本。设施成本只有供应链管理者作战略规划时才是可变的，而在进行其他运输决策时均被视为固定的。

（4）作业成本。

这是进行货物装卸及其他与运输相关的作业所带来的成本。在所有的运输决策中，此项成本都被视为可变的。

（5）服务水平成本。

这是在没有完成货物运送义务时所承担的费用。在某些情况下，这项费用可能在合同中详细列明，而在其他情况中，则表现为客户的满意程度。在进行战略、规划和运营决策时都应当考虑此项成本。

在进行运输决策时，托运人应权衡以上各项成本。托运人的决策还会受以下两个因素的影响：它所需要满足的客户对反应灵敏度的要求和它从不同商品和服务中得到的利润。例如，网路先锋是一家网上零售店，它向客户承诺，以客户指定的时点为基础，在 30 分钟以内送货上门。美国联合包裹递送中心不是依据客户指定的时间，而只是在工作时间送货。两家公司设计的运输网络和与需求相关的运输工具的数量，反映了二者在战略上的差异。

二、物流运输网络设计

（一）直接运输网络

在直接运输网络中，所有的货物从供应商处直接运达零售商店，如图 3-1 所示。在此运输网络中，每一次运输的线路都是指定的，管理者只需决定运输数量并选择运输方式。这需要管理者在运输费用和库存费用之间进行权衡。

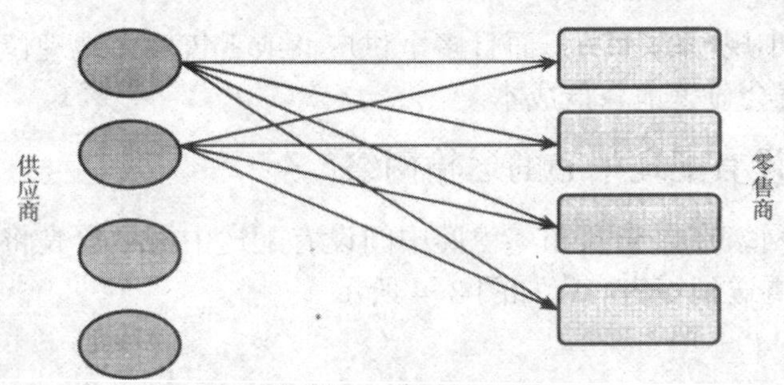

图 3-1　直接运输网络

直接运输网络的主要优势在于无须中介仓库，而且在操作和协调上简单易行。运输决策完全是地方性的，一次运输决策不影响其他的货物运输。同时，由于每次运输都是直接的，因而从供应商到零售商的运输时间较短。

如果零售店的规模足够大，对供应商和零售店来说，每次的最佳补给规模都与卡车的最大装载量相接近，那么直接运输网络就是可行的。但对于小的零售店而言，直接运输网络的成本相对过高。

（二）利用“Milk Run"的直接运送

“Milk Run”是指一辆卡车从一个供应商那里提取货物送至多个零售店时所经历的线路，或者从多个供应商那里提取货物送至一个零售店时所经过的线路，如图 3-2 所示。在这种运输体系中，供应商通过一辆卡车直接向多个零售店供货，或者由一辆卡车从多个供应商那里装载货物运送到一家零售店。

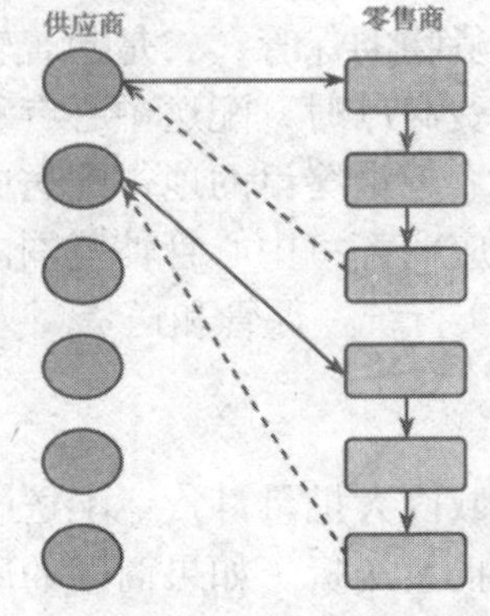

图 3-3 “Milk Run”运输网络

直接运输具有无须中介仓库的优势，而“Milk Run”线路通过多家零售店在一辆卡车上的联合运输大大降低了运输成本。如果运输是有规律的、经常性的、小规模的运送，而且多个供应商或零售商在地理位置上接近，则“Milk"将会显著地降低成本。

（三）设有配送中心的运输网络

此运输网络在供应商和零售商中间设有配送中心，首先将货物运送到配送中心，再送到零售店，如图 3-4 所示。

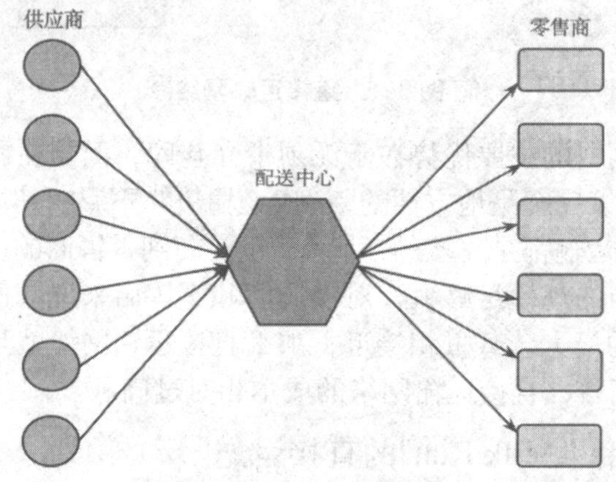

图 3-4 设有配送中心的运输网络

企业根据零售店的空间布局来划分区域，在每个区域分设有配送中心。供应商将货物送至配送中心，然后由配送中心选择合适的运输方式再将货物送到零售店。

在这种运输网络中，配送中心是供应商和零售商的中间环节，发挥两种不同的作用：一是进行货物的保管；二是起着转运点的作用。当供应商和零售商的距离较远、运费高昂时，配送中心有利于减少物流系统中的成本消耗。通过使进货地点靠近最终目的地，配送中心使物流系统获取了规模经济效益，因为每个供应商都将中心管辖范围内的所有零售店的进货送至配送中心，由配送中心实行统一保管和送货。

（四）越库操作

如果运输经济要求区域内大批量订货，配送中心就保有这些库存，并为零售店更新库存进行小批量送货。如果商店的库存更新规模大到足以获取进货规模经济效益，则配送中心就没有必要保有库存了。在这种情况下，配送中心通过把进货分拆成运送到每一家零售店的较小份额，将来自许多不同供应商的产品进行对接。当配送中心进行产品对接时，每辆卡车则装有来自不同供应商并被运送至同一家零售商的产品。这种运输网络称为越库操作。

越库操作的主要优势在于无须进行库存，并且加快了整个物流系统中产品的流通速度。同时，越库操作也减少了处理成本，因为没有从仓库搬进搬出，但是，成功的货物对接需要高度的协调性和进出货物时的步调要高度一致。

因此，越库操作适合大规模的可预测的商品，要求建立配送中心，以在进出货物两个方面的运输都能获取规模经济。

（五）设有配送中心的“Milk Run”运输网络

如果每家零售商的进货规模都较小，则配送中心就可以使甩“Milk Run”线路向零售商送货了。“Milk Run”通过联合的小批量运送减少了送货成本。例如，日本的7-11公司将来自新鲜食品供应商的货流在配送中心进行越库，并通过“Milk Run”向零售店送货。因为每个零售店向所有供应商的订货不足以装满一辆卡车，越库操作和“Milk Run”的联合使用可以使该公司在给每一家连锁店提供库存商品时降低成本。但使用越库操作和“Milk Run”也要求高度的协调及对“Milk Run”线路的合理规划和安排。

第四节　物流送货规划与管理

一、送货频率的管理决策

送货频率是物流送货管理的重要内容，因为送货的次数对运输成本、存货持有成本、运输管理成本和客户满意度的影响有着很大的影响，这几个要素之间的关系如表3-1所示

表3-1　送货频率对物流成本和业绩的影响

	存货持有成本			运输成本		
送货频率	在途	批量	安全库存	运费	管理成本	客户满意度
变大	下降	下降	下降	上升	上升	上升
变小	上升	上升	上升	下降	下降	下降

通过表3-1我们可以知道总在途存货、每批量存货、安全库存水平及成本都会随着送货频率的增大而下降，因此企业在进行运输管理的过程中也应该照此规律行事，并找到一个平衡点，使企业货物运输效率能够达到

最大化。

运输管理成本会随着送货频率的增大而上升，这是以为内每次货物运输都要做大量的书面文件的准备以及装载工作量，这些工作使得企业运输成本的支出增大。

运费也会随着运输频率的增大而上升，因为每次送货量小意味着运输折扣低，如果是企业自己运输，则装载率降低，而空驶率升高。

表 3-1 显示，随着送货频率的增大，客户满意度将上升，这是因为企业运输频次的增加，意味着客户可以更快地收到货物，同时也代表着企业对客户需求的响应速度越快，从而获得客户的好感。

二、运输线路的选择设计

（一）最短路线法

1. 起讫点不同的单一问题决策

对分离的、单个始发点和终点的网络运输选择问题，最简单和直观的方法是最短路线法。从实际经验来看，最短线路法可以有效地解决运送速度的问题，从而在整体上提高企业货物运输的效率，保证起讫点不同的单一问题能够得到有效的解决。我们知道运输网络是由一个个运输节点和一条条运输线路组成的，点与点之间的链接，不仅是运输距离的直接表示，同时也是运输成本、运输速度等基本运输要素的间接表示。

2. 计算方法及步骤

（1）第 n 次迭代的目标。

寻找第 n 次运输的最近始发点的节点，并重复 n=1，2，3，…，直到最近节点是终点为止。

（2）第 n 次迭代的输入值。

（n−1）个最近始发点的节点是由以前的迭代根据离始发点最短路线和距离计算得出的。这些节点及始发点成为已解的节点，其余的节点是尚未解的点。

（3）第 n 个最近节点的候选点。

每个已解的节点由线路分支通向一个或多个尚未解的节点，在这些未解的节点中，有一个以最短路线分支连接的是候选点。

（4）第 n 个最近节点的计算。

将每个已解节点及其候选点之间的距离和从始发点到该已解点之间的

距离加起来，总距离最短的候选点即是第 *n* 个最近的节点。即始发点到达该点最短距离的路径。

3．最短路线法举例

图 3-4 是一张高速公路网络示意图，其中 A 为始发点，J 为终点，B，C，D，E，F，G，H，I 是运输网络的中转节点，我们将节点与节点之间以线路连接，线路上标明了两个节点之间的距离，以运行时间（mm）表示。根据图 3-4 所示的内容，我们便可以确定一条由点 A 到点 J 的最短的运输路线。

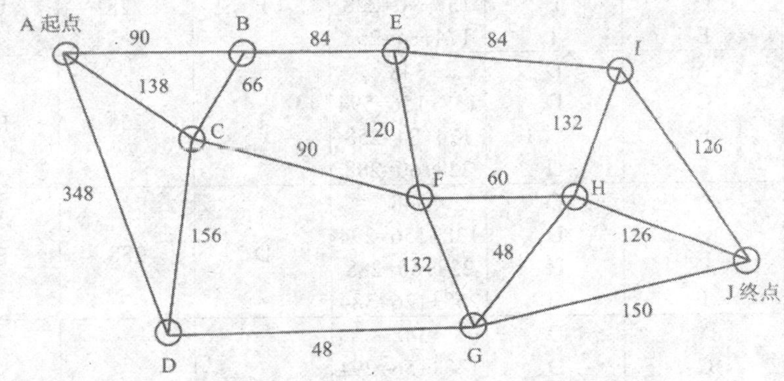

图 3-6 高速公路网路示意图

通过观察我们可以知道，起点 A 是第一个已解节点， B、C、D 是与 A 点链接的未解节点。在确定各个节点的性质后我们可以根据以下步骤进行最短运输线路的设计。

（1）B 点是距 A 点最近的节点，我们将 B 与 A 之间的连线记为 AB。由于 B 点是距离 A 点最近的一个节点，因此它也是确定 AB 之间最短距离的唯一选择，那么我们可以据此将 B 点标为已解的节点。

（2）找出距 A 点和 B 点最近的未解的节点（C 点和 D 点）。我们只需列出距各个已解的节点最近的连接点，即 A—C，B—C。注意从起点通过已解的节点到某一未解节点所需的时间应该等于某一未解节点到达这个已解节点的最短时间加上已解节点之间的时间，也就是说，从 A 点经过 B 点到达 C 点的距离为 BC+AB=156mill，而从 A 直达 c 的时间为 138min。因此，我们可以将未解节点 C 也解开。

（3）重复上面的做法，并对各个节点之间的最短距离进行比较和观察，我们就可以得到最短的运输线路。

表 3-2　最短路线的计算方法

步骤	直接连接到未解节点的已解节点	与其直接连接的未解节点	相关总成本	第 n 个最近点	最小成本	最新连接
1	A	B	90	B	90	AB*
2	A B	C C	138 90+66=156	C	138	AC
3	A B	D E	348 90+84=174	E	174	BE*
4	A C E	D F I	348 138+90=228 174+84=258	F	228	CF
5	A C E F	D D I H	348 138+156=594 174+84=258 228+60=288	I	258	EI*
6	A C F I	D D H G	348 138+156=294 228+60=288 258+126=384	D	288	FH
7	A C F H I	D D G G J	348 138+156=294 228+132=360 288+48=336 258=126=384	H	294	CD
8	H I	J J	288+126=414 258+126=384	J	38	IJ*

注：*表示最小成本法

第三次迭代要找到与各已解节点直接连接的最近的未解节点。表 3-2 中，有三个候选点，从起点到这三个候选点 D，E，F 所需的时间，相应为 348min、174min、228min，其中连接 BE 的时间最短，为 174min，因此，E 点就是第三次迭代的结果。

重复上述过程直到到达终点 J，即第八步。最终我们得到 A 到 J 之间最小的路线时间是 348min，最优路线为 A—B—E—I—J。

（二）经验试探法

在运输线路规划和管理中，物流管理人员经常会遇到这样一个问题，即始发点与终点重合的运输线路选择问题。经验告诉我们，如果货物的运输线路彼此并不交叉，那么我们可以认为货物经过各停留点的次序是合理的，在这种情况下我们可以用最短线路法对其进行线路规划和设计。但是实际情况是，在企业货物的运输中，运输线路之间很多时候都是交叉的，在这种情况下最短线路法便失去了作用，我们需要用经验试探法进行运输线路的规划和设计。

图 3-5 是运输货物通过各点的运行路线示意图，其中。图 3-5a 是不合理的运行路线，图 3-5b 是合理的运行路线。根据上述两项原则，物流管理人员可以很快画出一张路线图，但如果运用计算机进行计算和筛选则会花费较长的时间。当然，如果点与点之间的空间关系并不真正代表其运行时间或距离（如有路障、单行道路、交通拥挤等），则用计算机寻求路线上的停留点的合理次序更为方便。

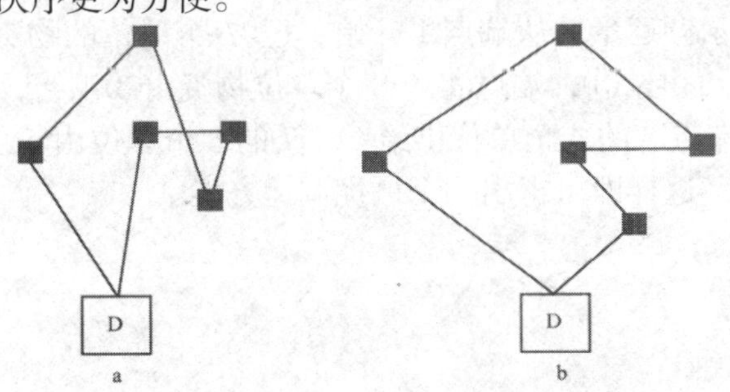

图 3-7 运输路线图

（三）多起讫点问题的决策

如果有多个货源地服务于多个目的地，则企业所要面临的问题是，要指定各自目的地的供货地，同时要找到供货地、目的地之间的最佳路径。该问题经常发生在多个供应商、工厂或仓库服务于多个客户的情况下。如果各供货地能够满足的需求数量有限，则问题会更加复杂。解决这类问题常常可以运用一类特殊的线性规划算法，即运输线路图上作业法。

1. 运输线路图上作业法

由于机器设备等因素的限制，企业在某个时期内的运力是有限的，如果企业不能合理对运输线路进行规划和设计，就会造成货物的对流和迂回现象，损失企业运力。

对流，就是在一段路线上有同一物品往返在运输；迂回，就是在成圈（构成回路）的道路上，从一点到另一点有两条路可以走，一条是小半圈，一条是大半圈，如果选择的路线距离大于全回路程的一半，则就是迂回现象。圈上作业法是一种可以有效地提高企业运输效率，避免发生货物对流和迂回现象的一种方法，这一点线性规划理论可以证明。

2. 不含回路的图上作业方案

运输路线上不含回路，方法比较简单。从各个端点开始，按“各端供需归零站”的原则进行调配。如图 3-6 所示，有 4 个起运站①，③，⑥，⑧，供应量分别为 7，8，6，4；另有 4 个目的地（运输终点）②，④，⑤，⑦，需求量分别为 2，8，7，8。圆圈内的数字表示站号，圆圈旁的数字表示供需量。其中，有负号的数字表示需求量，不带负号的数字表示供应量。为了便于检查对流现象，我们把流向箭头统一画在右旁。箭头旁标出的带括号的数字表示调运量。从端点①开始，把 7 个单位的物资供给②，②尚余 2 个单位，再供给③；端点④的 8 个单位物资由③供给，③尚余 5 个单位，供给⑤；端点⑧的 4 个单位供给⑥，⑦的 8 个单位由⑥供给，⑥尚余 2 个单位供给⑤。这样即可得出一个最优调运方案。

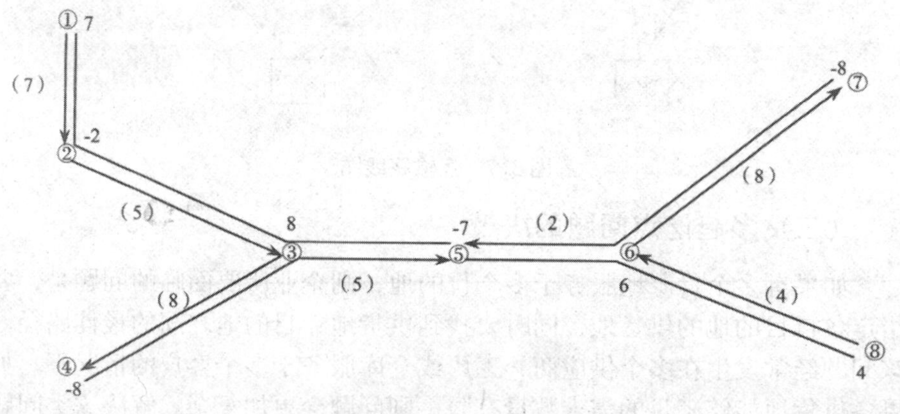

图 3-8 不含回路的调运方案

3. 含有回路的图上作业方案

如果运输路线中有回路，可以分三步逐渐求解，直至寻求到最优方案。

第一步，在每个回路中，去掉一段路线，变成不含回路的情况，按上述方法做出调运方案。

第二步，检查有无迂回现象。因为流向画在道路右旁，所以圈内圈外都画有一些流向。应分别检查每个回路，如果圈内和圈外流向的总长度都不超过回路总长度的一半，那么，这个回路上就没有迂回现象了，这个方案就是最优方案。否则，转第三步。

第三步，改变原来的去段和破圈方式，转第二步，如图 3-7 所示。

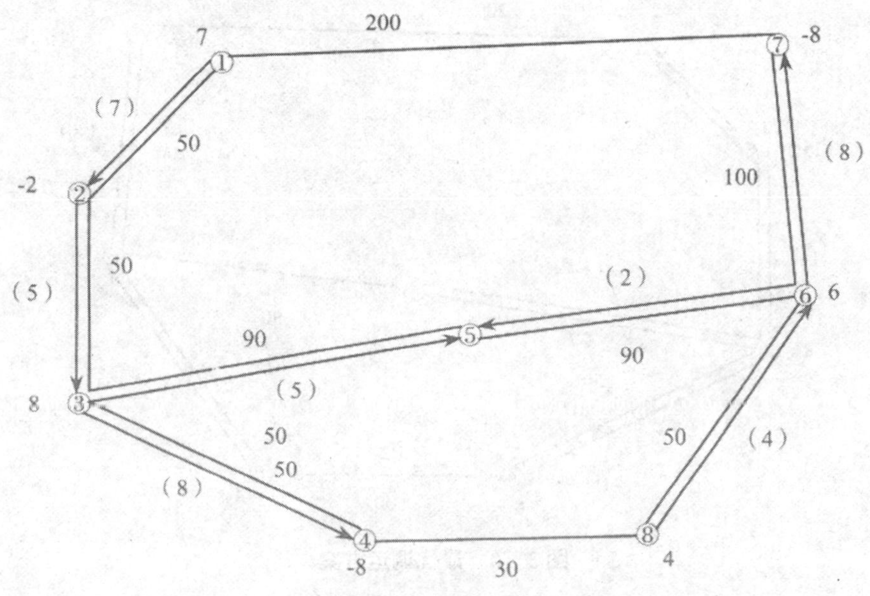

图 3-9　含有回路的调运方案

如图 3-7 所示，由①，②，③，⑤，⑥，⑦组成的回路中，去掉①至⑦的线路；由④，⑧，⑥，⑤，③组成的回路中，去掉④至⑧的线路；便与图 3-6 所示的情况一样了。于是，可以得出类似的调运方案。图中各线路旁的不带括号的数字表示两点间的距离。在图 3-7 上部的回路中，总长度为 580，调运方案外圈总长度为 50+50+90+100-290，内圈总长度为 90，均不超过回路总长度的一半。而在图 3-7 下部的回路中，回路总长度为 310，而外圈总长度为 50+90+50=190，大于回路总长度的一半，所以此方案不是最优方案，应当调整。去掉①至⑦，⑤至⑥之间的线路，运输道路便不含回路了。按前面的办法，可做出调运方案，如图 3-8 所示。

第四步，确定最优方案。对各回路进行检验，对各回路的内圈和外圈分别计算，如果都不超过回路总长度的一半，即不存在迂回现象，那么就是最优方案了。

当节点很多时，用手工计算比较复杂，如果把网络的节点和连线的有关数据存入数据库中，则最短路线方法就可用电子计算机求解。绝对的最短距离路径并不说明穿越网络的时间最短，因为该方法没有考虑各条路线的实际运行质量。因此，对运行时间和距离都设定权数才可以得出比较具有实际意义的路线。

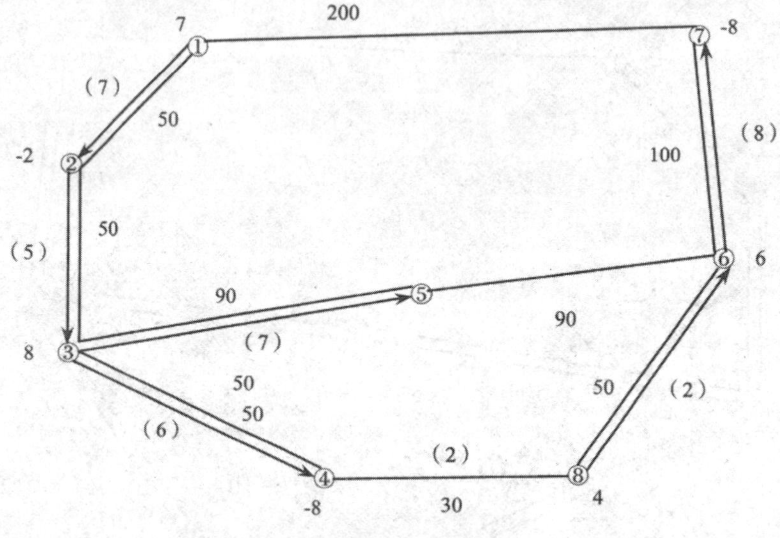

图 3-10　最优调运方案

第四章　物流配送系统规划

在物流系统中，配送系统是一个重要的子系统，它的规划和流程对整个物流系统的作业流程和规划都产生着重要的影响。物流配送是现代电子商务发展中的重要影响因素之一，并且直接制约电子商务的进步。本章将结合物流配送的基本概念，详细研究物流配送系统的作业流程、组成部分、特点、目标以及规划，并对物流配送成本的优化和物流配送系统的绩效评估进行深入的讨论。

第一节　配送概述与作业流程

配送是由送货演变而来的物流形态，但是又不仅仅是单纯的送货，配送更强调满足客户的具体需求。配送是指按照客户的需求，在物流配送中心完成货物的整理工作，然后将货物交至客户手中的过程。本节将重点对物流配送的内涵以及作业流程进行介绍。

一、配送概述

物流的配送过程是指货物供应商根据客户的具体需求，在完成理货工作之后，将客户所需的货物送至客户手中。配送在现代物流系统中是一个非常关键的环节，直接影响物流系统的进程。

（一）配送流程的增值潜力

配送作为物流系统的重要环节，具有很强的发展和增值潜力。配送流程的增值潜力具体表现在以下几个方面。

1．减少库存

配送的流程有助于减少供应商的库存量，从而提高企业的库存管理效率，降低库存管理成本。

2．降低采购和生产费用

由于配送系统的不断优化，配送线路的不断改进，订货的客户可以采取联合集中订货的方式，降低用户采购货物的成本，从而有利于产品生产成本的下降。

3. 形成规模经济

通过配送流程，可以有效提高货物的运输效率，从而推动运输规模经济的形成，进而缓解城市的交通拥堵和环境污染现象。

（二）配送的市场需求

随着物流系统的发展，市场经济的发展，市场对配送活动提出了更多的需求，具体表现在以下几个方面。

（1）企业生产经营的改变催生了工业对配送活动的需求。

（2）规模经济的发展产生的连锁现象对配送活动产生了商业的需求。

（3）随着消费方式的改变，大众也对配送活动产生了不同的需求。

（4）随着电子商务的迅猛发展，网上购物量的增加也产生了现实配送的需求。

（三）配送活动的基本任务

配送是一系列狭义物流活动的集成，是一项高水平的商业活动，这项商业活动中包括了对配送组织的确定以及对配送途径的规划。配送活动是物流系统中最重要的环节之一，促进了商流和物流的紧密结合。具体来说，配送活动的基本任务如下图 4-1 所示。

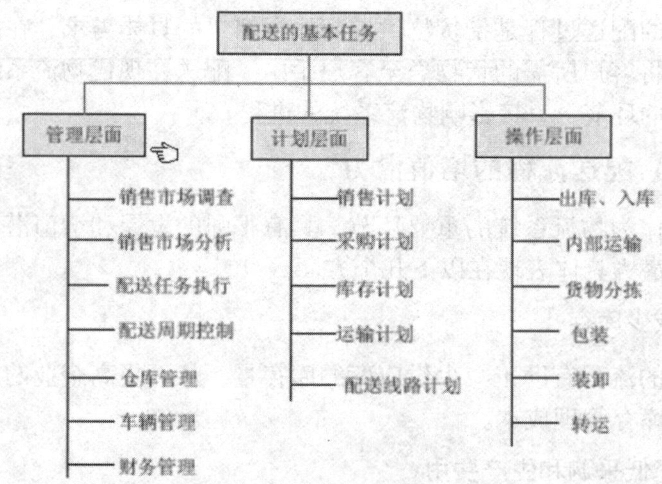

图 4-1　配送活动的基本任务

（四）物流配送的基本理念

物流配送的基本理念主要有以下几部分。

1．快速反应

快速反应是指在配送过程中，配送方对物流和信息流变化的反应能力很高。具体流程见下图 4–2。

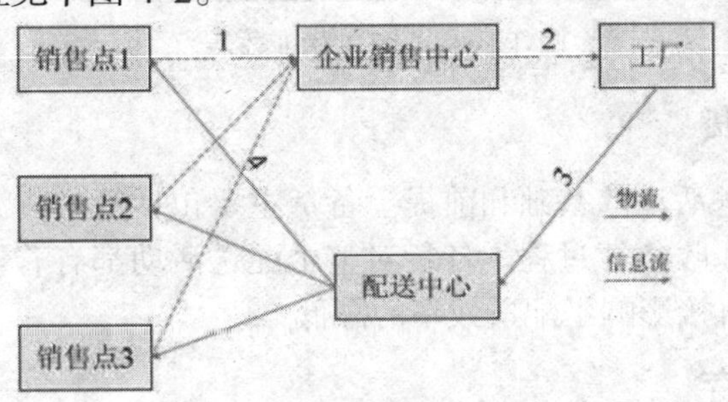

图 4–1 配送活动的基本任务

2．连续补充库存

连续补充库存是指通过供应链管理库存的方式对买方的库存进行连续的补货，以免在生产过程中出现缺货的现象。供应链管理库存是一种卖方通过降低库存成本、压缩库存量的方式来对买方的库存进行管理的技术。

3．有效客户反应

有效客户反应是指通过买卖双方的信息共享，实现对市场和客户的需求进行有效反应，从而提高消费者需求的目标。在这种理念下，产销双方拥有一致的目标，在竞争中注重合作是重要的基础。

4．越库作业

货物的越库作业是指为了满足客户的需求，配送企业在一个复杂的物流系统中为构造新的运输单元而进行的一系列的解体活动。采用越库作业的方式，货物在运输过程中就省去了进入库存的步骤，从而对降低库存成本，提高物流系统的运输效率产生了积极作用。

二、配送作业流程

配送业务的具体流程主要包括进货、装卸搬运、仓储、订单处理、拣货、补货、配货、送货等多个步骤。下图 4–3 就是配送业务一般的作业流程。

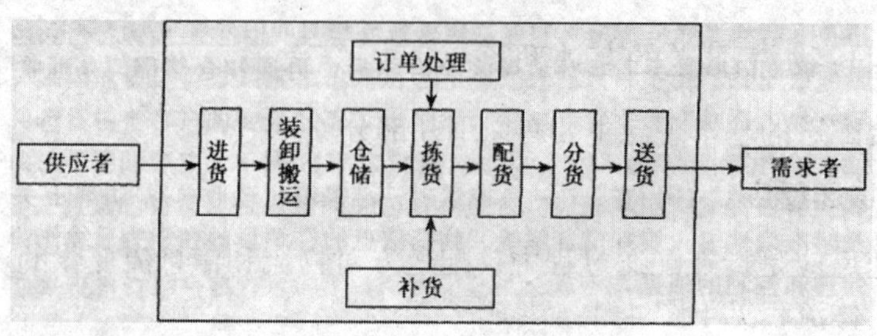

图 4-3 配送作业流程

（一）备货

备货是配送活动的基础和前提。备货主要包括筹集货源，并对货物进行采购、验货、收货等过程。备货对整个配送活动都有着重要的影响，备货成本的多少直接影响了配送效率的高低。

（二）储存

配送活动中的储存是指按照一定时期的经营要求，对配送资源的保证。在物流的配送环节，库存管理主要包括三方面的内容。

1. 进货入库作业管理

进货入库作业管理为整个商品的配送流程打下了基础。商品在入库之后，就统一归配送部门进行管理，因此在入库时，进货人员要对商品在质量、数量、规格等方面进行严格的检查和审核。此外，进货人员还要对企业的进货量、可用库存空间等情况进行详细的掌握，同时，及时同企业各部门人员进行沟通。

2. 在库保管作业管理

库存商品的在库保管作业管理主要包括几个方面的内容，首先是加强对商品的养护工作，保证商品的质量，避免商品在储存期间发生价值损失的问题；其次是加强对储存空间的管理和优化，促进库存的合理化。

3. 库存控制

库存控制的量大重要内容是保证商品的质量和控制商品的数量。

（三）订单处理

订单处理是指在企业从接受客户订单到货物送至客户手中的整个过程中，企业对订单相关信息的管理工作。订单处理具体包括：接受用户订单和配送需求；社和订单单证；核对库存情况；下达货物的分拣、配组和输送指令；天蝎发货单证；登记账簿；通知用户以及办理结算几大部分的内容。

（四）分拣及配货

在物流的配送过程中，分拣和配货是区分配送与其他物流形式的重要特征，也是一项重要的支持性工作，直接影响着配送活动的成败。分拣和配货为配送活动提高运输效率提供了保障，是送货形式向高级发展的必然结果。

（五）配装

配装一般发生在当单独的用户配送数量达不到车辆的有效载运负荷的情况下，这时需要将不同用户的订货需求进行合理的搭配和装载，以达到充分利用运输设备和运输能力，尽可能提高配送效率的目的。

（六）输送

输送是配送活动中相当处于末端的作业流程，配送活动中的输送同普通的运输有着很大的差别。首先，配送活动中输送使用的交通工具通常为卡车；其次，配送中的输送一般都会选择普通的干线运输中没有的线路进行运输；最后，配送运输中的输送一般都是在小区域内进行短距离、频度高的运输。

（七）送达服务

仅仅完成货物的输送工作还不能算配送活动的完成，因为配送方将货物送达并不意味着用户立刻就能收到货物，因此，要完成完整的配送活动，就要实现从货物的运达到用户的接收的过程，这就要求企业对配送活动加强管理，严格执行用户的订单要求。此外，在进行诸如大件货物的配送活动时，要注意做好货物的卸载和安装工作。

（八）配送加工

配送加工是流通加工的一种形式，但是又不同于普通的流通加工，是一种为了满足用户需求而存在的一种目的较为单一的加工形式。

（九）回程

回程就是运输工具完成配送任务回来的过程。在回程中，一般情况下，车辆都是空驶的，但是这样会大大降低运输效率。因此，为了提高运输效率、降低运输成本，可以对车辆的回程进行管理。具体方法是，回程车可以将包装物、废弃物等运回仓库进行集中处理，此外，在回程经过的路线上，可以设置若干货物联络点，使回程车辆顺路带回一些货物，减少空驶的情况。

第二节　配送系统的构成、特点和目标

配送作为一个系统，不仅有多种不同的要素共同组成，而且具有鲜明的特征和实现目标。本节将重点对配送系统的构成、特点和目标进行详细的分析和介绍。

一、配送系统的构成

配送系统是一个复杂多变的系统，主要由四部分的要素构成。

（一）配送主体

配送主体就是指在配送系统中具体实施配送活动的组织，配送主体是配送系统中最基本的要素。配送主体一般包括专业的配送公司和企业专门的配送部门。配送主体的能力在很大程度上决定了配送活动的效率和服务水平，因此，要充分发挥配送主体的主观能动性，实现配送系统的合理化。

（二）配送客体

有了配送主体，当然就有配送的客体，配送客体就是在配送活动中具体被运输的产品。配送客体是特定的针对用户需求的产品，而不是独立的产品。配送活动的具体方法和作业流程取决于用户需求产品的特征。

（三）配送环境

配送环境是指在配送活动的具体实施中面对的客观环境。配送环境包括多方面的内容，如城市的交通状况、车辆状况、人员等等。配送是一种外向的物流服务，因此离不开客观环境的影响。

（四）配送设备

配送设备就是指在具体配送活动的实施过程中所使用的设备，包括运输车辆、装卸搬运设备、分拣设备等等。配送设备的选择取决于配送对象

的特点以及客户的具体要求。

二、配送系统的特点

配送系统的特点主要表现在以下五个方面。

（一）是小型的物流系统

配送是物流系统的一个组成要素，但同时配送也是一个完整的系统。配送系统在具体作业中包含了进货、仓储、分拣、配货、输送、送达等几乎所有的物流系统中的作业流程，因此可以说，配送系统是一种小型的物流系统。同物流系统类似，在进行配送系统的管理使，也应该从宏观考虑，而不是局限于某一个因素。

（二）服务以客户为中心

配送系统提供的服务以客户为中心，也就是说，配送系统完全按照客户的需求进行服务。“以客户需求为中心”应该作为配送系统的原则和基本理念，被所有相关人员牢记在心。尤其是在企业自营的情况下，配送系统的中心不再是企业的利润，而是转变为了企业的需求。

（三）时间管理要求高

配送系统的首要任务是准时，要求配送方要在客户的指定时间之内将货物送达客户手中，因此对配送方的时间管理要求非常高。但是在具体实践中，配送过程涉及多个环节，只要有一个环节没有及时完成，那么就会影响整个配送系统的运输时间。而一些突发状况，比如交通事故等，也给配送活动带来了更多的不确定性。因此，对于配送系统的时间管理的难度是相当大的。

（四）需求特点为客户多、批量小

配送活动是一种支线物流，就是要按照客户的需求多批次、少批量的为客户送去货物。配送中心通常一天要往返多个地点为客户送达种类繁多但数量很少的产品。由于少批量的送货会提高配送的成本，因此，企业多采用同时在一辆车上装运多家货物，然后沿着一定线路进行配送的方式，但是这样给配送系统增加了操作的复杂性。

（五）服务对象不确定

配送系统没有固定的服务对象，也就是说配送活动每天要运输的货物以及要服务的客户都是不同的。因此，配送系统要根据配送对象的不同，具体安排配送计划、行车路线等等。

三、配送系统的目标

配送系统是一个小型的物流系统，它拥有和物流系统相同的目标，具体表现在以下四个方面。

（一）快速

快速是对配送系统的基本要求，也是配送服务存在的基础。配送系统产生于越来越快的生产节奏和越来越扩散的社会分工的环境中，因此，作为一种新型的物流方式，配送系统的基本目标就是及时为客户提供“门到门”的便捷服务。

（二）及时

及时对于配送系统来说有着不可替代的作用和意义。在配送系统中，客户依赖于配送中心的服务，尤其是实施零库存战略的企业，完全依靠零部件和原材料直接运送到生产线的及时，才能保证自己的“零库存”。如果配送活动在作业流程中出现问题，及时的目标不能达到，那么就会对企业造成非常严重的影响，不仅影响企业的收货，更重要的是会影响企业的正常生产和销售。

（三）可靠

上述两个基本目标是对配送系统的速度要求，而可靠是对配送系统的质量要求。配送不但要以最快的速度将货物按照要求送达客户手中，而且要保证在运输的过程中，货物不会发生质量损坏、数量短缺等问题。

（四）节约

配送系统的利润主要来源于节约。在配送方式下，支线运输和小量货物运输过程中的不灵活、死板等缺点将得到改善，运输过程会更加优化和完善。采用配送方式，用户的订货程序也会得到相应的简化，工作量得到减少。

第三节　物流配送系统的规划

物流配送系统的规划是指对物流配送系统在实际运行过程中的运输路

线、运输方案、运输流程等进行详细的分析和计划，保证配送计划能以最高的工作效率完成最多的工作量。本节将从总体规划和具体规划两个方面介绍物流配送系统的规划。

一、总体规划

总体规划是对配送系统大方向的掌握，一般情况下应当遵循“时效性、可靠性、便利性、经济性”四大原则。

在实际操作中，配送系统会受到很多因素的影响，比如配送计划的制定、配送路径的选择、交货的及时性等等。这些因素都会影响配送活动的结果。因此，必须加强对配送系统的规划。总体规划的内容不仅包括物流配送的基本流程，而且还要将用户变动、交通状况、车辆条件等多个客观因素考虑在内。

二、具体规划

配送系统的具体规划就是对物流配送的具体作业流程进行程序和方式的优化，从而提高配送系统的工作效率。配送系统的具体规划主要包括以下几方面的内容。

（一）信息收集和处理的规划

1. 信息收集的规划

信息的收集主要是指对商品市场的供求状况、商品价格进行了解和掌握，并将其同客户的具体需求作为配送的依据。信息收集主要包括当前的资料收集以及未来规划的资料收集两部分的内容。信息的收集可以采用直接收集厂商数据和现场访谈的方式进行。信息在收集之后还要经过一系列的整理和分析，才能作为配送系统规划的重要依据。

2. 信息处理的规划

信息的处理主要是对收集来的信息进行分析，分析的数据主要包括订单的变动趋势、商品的数量和种类、市场的供需变化、人力需求状况以及作业流程和事务流程等等。

（二）配送计划的规划

配送计划的规划就是根据收集的信息，制定最合适的配送计划。加强配送系统的计划性有助于实现配送作业流程的高质量、少误差的目标。同时，制定合适的配送计划还有助于控制库存，保证较快的资金周转。

在配送作业流程中，往往涉及多种商品的多种特征，服务对象也是涵盖多种客户类型，并且，在配送过程中，运输选用的车辆也是不同的，因此，需要对这些信息进行综合考量，制定出既满足客户需求，又能尽可能降低配送成本、提高配送效率的配送计划。除此之外，在配送作业以及接单的过程中，要对商品的库存量、管理人员以及配送设备进行严格的检查和确认，保证配送的人员数量、车辆类型、车辆可调度时间等信息能掌握在企业的管理人员手中，从而实现有效的调度。

（三）配送流程的规划

配送就是按照客户的需求将适当的货物经过分拣、加工和配货等步骤，及时送达客户手中的过程。配送系统几乎包含了所有的物流要素，因此在对配送系统进行优化和规划时，也应当对这些配送的具体流程进行设计，按照不同的货物种类和送货地点，选择最合适的配送流程。

（四）配送路径的规划

货物的配送路线是指在送货过程中车辆所经过的线路。配送路线是否科学合理对配送速度、运输成本和企业物流效益都会产生重要的影响。因此，优化配送路线是物流运输管理作业中的重要内容。

最具代表性的优化配送路线的方法是节约里程法，又称为网络图法（Vehicle Scheduling Program，VSP）。下面对这个方法进行简单的研究。

1. 节约里程法的基本假设

在实行节约里程法对配送路线进行优化时，以以下几条假设条件的确定为前提：

（1）配送货物相同。

（2）配送业务的客户信息（包括具体位置和需求量）确定。

（3）配送中心具有足够的运输能力。

2. 节约里程法的原理

在上述假设条件确定的情况下，就可以对配送线路进行优化，下图 4-4 是利用里程法进行配送线路优化时货物运输车辆的排序图。

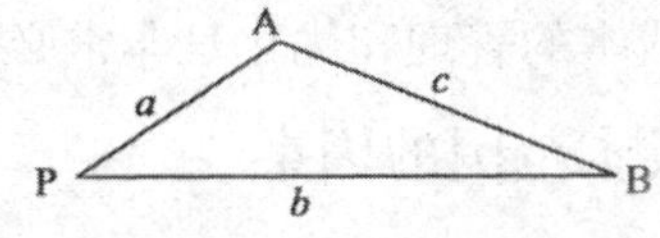

图 4-4　车辆排序图

如上图所示，设 P 为配送中心，A、B 分别为两个收货点，AP、PB、BA 之间的距离分别为 a、b、c。

（1）使用两辆货车运输。

如果采用两辆货车分别进行 A、B 两条路线的送货，那么两辆车辆的形式总路程为 2a+2b。

（2）使用一辆货车运输。

而如果采用一辆货车进行两个送货点的货物运输，设这辆货车的运输路线为 P—A—B—P，那么它的行驶总路程为 a+c+b。

相比上述两种运输方法，后一种方法比前一种方法节省 a+b-c 的行驶路程，这段路程就成为收货点 A、B 之间的节约历程。

综上所述，节约里程法就是根据配送地点的位置计算出各种配送路线之间的“节约历程”，并且按照“节约历程”的大小确定货物的配送线路。在实际操作中，如果车辆的承载量允许，那么尽量将多个收货点的货物运输安排在一辆货车上完成，形成一条配送路线。

第四节　物流配送成本的优化和绩效评估

物流配送的成本是影响配送利润的重要因素，随着配送系统得到越来越多企业的使用，控制物流配送的成本也成为企业物流管理的重要内容。同时，在配送系统完成配送任务后，及时对配送系统进行绩效评估有助于更好的优化配送系统，提高配送效率。本节就将在配送成本的优化和绩效评估两方面进行重点研究。

一、物流配送成本的优化

物流的配送成本是指商品在空间移动的过程中发生的所有劳动的货币体现。配送成本具体包括人工成本、作业流程消耗、货物损耗、利息以及管理费用等等。配送成本的高低直接影响到配送系统的利润的多少，因此对物流的配送系统进行成本的管理和优化是非常必要的。

（一）影响配送成本范围的因素

在计算配送成本之前，首先要明确影响构成配送成本要素的因素，主要包括以下三部分。

1．成本计算范围的确定

在配送过程中，由于配送货物的不同和服务对象的差异，因此会出现不同的计算成本的方式，这种方式的确定在很大程度上影响了配送系统成本的构成。

2．成本构成范围的确定

成本构成范围的确定就是确定要将哪几种费用列入配送成本。配送费用具体包括人工费、保管费、运费、折旧费等，这些费用是否纳入成本范围都会对最终配送成本的大小起重要作用。

3．成本计算对象的确定

成本计算对象的确定就是确定在配送的具体作业流程中，哪些流程产生的费用应当被记入配送的成本。

（二）配送成本的特征

在对配送成本进行优化之前，首先要了解配送成本的特征。配送成本的特征主要表现在以下几个方面。

1．隐蔽性

配送成本具有隐蔽性，这是指在企业的财务会计业务中很难轻易地看到配送成本的具体款项。通常情况下，企业的财务部门都不能完全掌握配送成本的支出，部分配送费用会体现在“销售费用”或“管理费用”的项目下。但是这些费用却不能完全代表配送成本。由于在财务部门的账目中，并没有“配送成本”这一特定的项目，因此，管理人员很难统计出配送成本的总数，也同样忽略了对配送成本的管理。

2．削减的乘数效应

配送成本的削减具有乘数效应是指配送成本的减少会造成企业利润的乘数变化。比如说，10%配送成本的下降可能会带来 50%销售额的增加。也就是说，企业配送成本的减少对于企业盈利有着重要的意义。

3．成本的“二律背反”

二律背反是指统一资源的两个方面之间存在着互相矛盾的关系。配送成本的二律背反的意思就是：配送成本的众多构成要素之间存在着矛盾的关系，比如说，想要降低库存成本，就要减少库存量，这样就会造成运输次数的增加，导致运输费用的上升。因此，几种配送成本往往不能同时减少，一种费用的减少就会造成另一种费用的增加。

（三）配送成本的构成

以不同的分类标准划分配送成本，可以得到不同的结果。

1．以配送环节为依据

以配送活动的基本环节为依据，可以将配送成本分类为配送活动成本、信息处理成本以及配送管理成本。在这种分类模式下，企业可以更容易的掌握配送活动各个环节的成本状况，并对配送成本进行控制和优化。

2．以支出形式为依据

以支出形式为依据可以将配送成本分为本企业支付的配送成本以及支付给外企业的配送成本两部分。在这种分类情况下，企业便于对各项费用的变化情况进行分析和评估，有助于企业对物流活动的绩效进行评价。

二、物流配送的绩效评估

在日益激烈的竞争环境下，企业要想获得更多的利润，就不得不将精力放在开发高效率的物流上。因此，对于物流活动各环节的绩效评估也就显得尤为重要。对物流活动中的配送活动实行绩效评估，有助于企业更好地进行资源的配置，从而实现高效率的物流系统的建立，为企业降低成本、提高利益起到重要作用。

（一）物流配送绩效评估的目的

物流配送的绩效评估是一种利用公式计算出金额或比率，以此为基础判断企业经营状况的评价方式。对物流的配送环节进行绩效评估，就是判断物流系统中配送环节的生产力状况，并找出可以改善和优化的内容，加以改正。具体来说，物流配送绩效评估的目的主要表现在以下几个方面。

1．提高部门员工责任意识

对各部门或各工作员的工作进行仔细的评估，将其作为一个单位进行昨夜实绩的考察，有助于提高部门及员工的责任意识和目标达成意识，从而推动企业整体效益的提高。通过对各部门及各员工的工作评估，一方面，可以使管理者了解物流系统的运行状况，判断物流系统是否达到工作既定目标；另一方面，这种评价有助于提高员工的积极性，从而促进企业整体工作效力的提高。

2．提高员工干劲

对物流系统配送环节进行绩效评估有助于集合企业整体和员工个人的工作目标，从而提高员工的干劲。比如说，企业可以将绩效评估的结果作为决定员工薪资的考量因素，在这种情况下，员工为了提高自己的工作水平，都会积极投入到工作当中。但是值得注意的是，企业不能只注重员工工作效率的提高，在促进员工提高工作积极性的同时，也要保证工作质量的稳定。

3．提高企业成本意识

通过对配送环节进行绩效评估，有助于提高企业内各部门及员工的利益与成本意识，从而达到精兵简政的目的。在工作的进行过程中进行评估，有助于企业管理者能在重大错误发生之前进行及时的控制和纠正，避免遭受巨大的损失。

（二）物流配送绩效评估的原则

在物流系统中对配送环节进行绩效评估要遵循以下几大原则。

1．明确企业经营战略

在进行绩效评估之前，首先要明确企业的经营战略，也就是企业的经营方针和最终要实现的经营目标，这样才能有方向的对配送进行分析和评估，保证绩效评估有助于企业经营目标的实现。

2．完善绩效评估制度

进行绩效评估时，首先要建立完善的评估制度，针对企业的不同部门，以各部门的生产力状况为重要依据，制定出最适合的评估制度。同时，还应当让员工充分了解企业的绩效评估方式以及评估内容。

3．建立上下层之间的信任关系

信任是保证评估正常且公正运行的重要前提，因此，在具体评估之前，要建立企业上下层之间的互相信任关系，保证员工是在平和的心态下接受绩效评估的，这样能在很大程度上保证绩效评估体制公平的运行。同时，企业在评估的过程中，要积极征询员工的意见，以优化评估体制。

（三）物流配送绩效评估的影响因素

在配送环节的具体评估过程中，有以下几种因素对评估工作起到了影响。

1．快速响应

快速响应是影响配送中心是否能及时满足客户要求的重要影响因素，其中时间是衡量效率的最直接的因素，因此，在配送环节的绩效评估中，要首先对配送中心提供服务的时间进行评估。

2．最小变异

最小变异是指在具体作业流程中出现的可能影响系统稳定运行的最有可能发生的突发事件。最小变异可以用来衡量配送活动提供的服务水平是否满足了客户的需求。

（四）物流配送绩效评估的内容

根据评估范围的不同，物流配送绩效评估的内容可以分为内部评估和外部评估两部分。

1．配送中心的内部绩效评估

配送中心的内部绩效评估主要就是对配送中心的内部进行评价，主要内容是当下的物流作业的成果同往期的作业成果以及本期的作业目标进行比较。具体来说，配送中心的内部绩效评估主要包括以下五个部分的内容。

（1）物流顾客服务评估。

物流顾客服务评估是指对物流顾客服务水平进行评价，这项评估内容有助于对企业能否满足客户需求进行评价和判断。

（2）成本评估。

成本评估就是对完成配送任务过程中产生的费用进行分析和评价。对配送成本评估的代表性指标是总金额表示的销售量的百分比或是每个单位数量的成本。

（3）生产率评估。

生产率评估就是对配送中心完成一次配送任务所要投入的资源与配送服务之间的相对关系进行评价。生产率指标有静态、动态和替代性三种类型。静态指标是指在特定时期内配送中心的生产率水平；动态指标是指两个时期的配送中心的生产率的比较；而替代性指标是指用与生产率相关的指标来替代生产率，比如客户满意度、质量水平、利润高低等等。

（4）配送质量评估。

配送质量评估就是指对整个配送活动的效率和质量进行评价。配送质量评估是配送绩效评估中最重要的评估内容，涉及的范围很广，因此具有相当的难度。对配送质量的评估涉及订单进出、库存检查、拣货、装货、送货、支付等一系列环节。

（5）资产管理评估。

资产管理评估就是对在配送环节中付出的资本，包括投入的设施和设备及其使用状况进行评价和管理。

2. 配送中心的外部绩效评估

配送中心的内部绩效评估有助于提高员工的工作积极性，促进对资源的优化配置，从而实现企业经营利润增长的目标。而对配送中心的外部进行评估，包括顾客对配送中心的评价、其他企业对配送中心的评价等。配送中心的外部绩效评估有助于配送中心获得更多的信息。具体来说，配送中心的外部绩效评价主要包括两方面的内容。

（1）顾客角度的评价。

从顾客角度对配送中心进行绩效评估是外部评估的重要内容之一。从顾客角度对配送中心进行绩效评估可以通过调研或者订货系统追踪的方式进行。评估的主要内容包括库存的可得性、信息程度、订货完成时间等等。

（2）与其他企业的比较。

与其他企业进行比较首先要确定一个通用的基准，然后用这个通用的基准去衡量企业配送中心的资产管理、成本、生产率、技术、运输、仓储等环节，并通过对本企业配送中心与其他企业的比较，找出弱点，加以改正。

（五）物流配送绩效评估的指标体系

物流配送绩效评估的指标的确定却绝育物流服务的最终目标。围绕配送中心要实现的物流总目标，往往会出现为了评估各种分目标而存在的评估指标，这些指标就构成了一个物流配送绩效评估的指标体系，具体见下图 4-5。

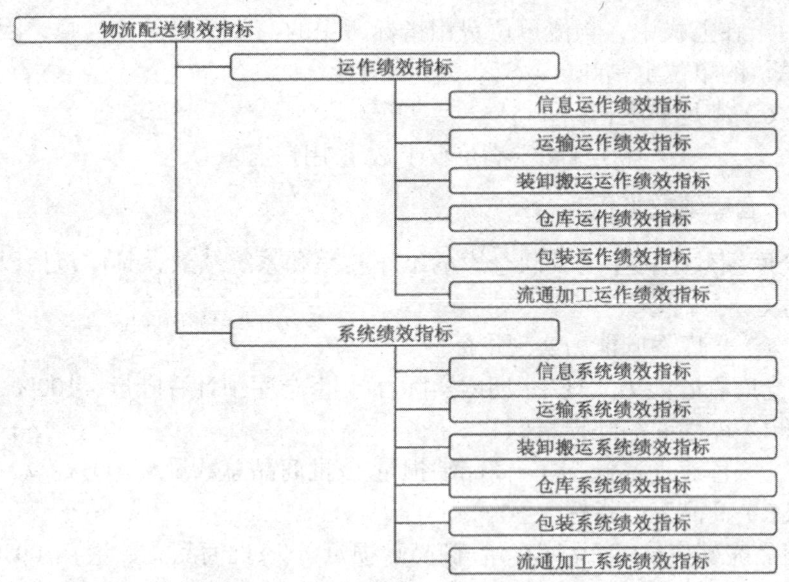

图 4-5　物流配送绩效评估指标体系

在实际操作中，由于物流产出服务，并且包括运输和仓储两大重要的活动要素，因此，物流配送的指标体系主要包括三方面内容。

1. 物流服务绩效指标

物流服务绩效指标具体包括六项指标。

（1）服务水平指标。

服务水平=满足要求的频数/客户需求频数

（2）交货期质量指标。

交货期质量=规定交货期-实际交货期

在上式中，如果交货期质量的计算结果为正值，说明配送中心在规定时间之前就完成了交货，如果计算结果是负值，则表示配送中心没有按时交货。

（3）交货水平指标。

交货水平=交货期交货次数/交货总次数

（4）商品完好率指标。

商品完好率=交货时完好的商品数量/商品总数量×100%

（5）物流单位费用指标。

物流每吨费用=物流费用/物流总量

由于在上式中，物流单位费用指标所用的商品数量单位为吨，因此，物流总量的单位也是吨。

（6）满足程度指标。

满足程度=满足要求数量/用户需求总量

2．仓库绩效指标

仓库绩效指标主要反映仓库的工作效率和系统绩效，具体包括以下九个指标。

（1）仓库吞吐能力实现指标。

仓库吞吐能力实现率=期内实际吞吐量/仓库预计吞吐量×100%

（2）库存商品缺损指标。

库存商品缺损率=商品缺损量/该批商品总数量×100%

（3）商品完好指标。

商品完好率=（商品库存量-商品缺损量）/该批商品总数量×100%

（4）商品收发指标。

商品收发正确率=（商品吞吐量-出现差错总量）/商品库存量×100%

（5）仓库面积利用指标。

仓库面积利用率=库房、货棚、货场占地面积/仓库总面积×100%

（6）仓储单位成本指标。

仓储每吨每日成本=仓储成本/库存量

在上式中，计算结果的单位为：元/（吨·天）。

（7）设备状况指标。

设备完好率=期内设备完好数量/通气设备总数量×100%

（8）设备利用指标。

设备利用率=全部设备所有工作时长/设备总工作能力（时数）×100%

（9）仓容利用指标。

仓容利用率=仓库实际占用容积/库存总容积×100%

3．运输环节质量指标

运输环节中的质量指标与仓库指标相比有以下两种较为特殊的内容。

（1）正点运输指标。

正点运输率=正点运输次数/运输总次数×100%

（2）满载指标。

满载率=车辆实际装载量/车辆装载能力×100%

（六）物流配送绩效评估指标的分析

对物流配送评估指标的分析，实际上就是对上述计算得出的数据进行分析，以发现企业配送环节和配送中心存在的问题并加以改正。在实际工作中，经常使用到的两种方法分别为单一指标分析法和多元指标分析法。

1．单一指标分析法

单一指标分析法，顾名思义，就是以一种指标计算得出的数据为依据对整个配送环节的绩效进行评估和分析。但是由于选择的指标和数据较为单一，因此常常忽略重要的影响因素。

2．多元指标分析法

同单一指标分析法相对，多元指标分析法就是综合分析多个相互关联的多个绩效评估指标，从而得出对配送系统的相对准确的评价。

第五章　供应链下的信息管理研究

本章从物流信息和物流信息的概念、特点入手，对物流信息、物流信息技术、物流信息技术的应用以及进行网络经济在对供应链的驱动作用入手，对供应链信息管理进行研究和介绍。

第一节　现代物流信息技术

一、物流信息的概念

物流信息首先是反映物流领域各种活动状态、特征的信息，是对物流活动的运动变化、相互作用、相互联系的真实反映，包含了知识、资料、情报、图像、数据、文件、语言和声音等各种形式。它随着从生产到消费的物流活动的产生而产生，与物流的各种活动，如运输、保管、装卸、包装及配送等，有机地结合在一起，是整个物流活动顺利进行所不可缺少的条件。如运输活动要根据供需数量和运输条件等信息确定合理的运输路线、选择合适的运输工具、确定经济运送批量等，装卸活动要根据运送的数量、种类、到货方式，以及包装情况等信息才能确定合理的组织方式、装卸设备、装卸次序等。同时物流信息还是物流活动与其他活动联系的有关情况的消息，如商品交易信息、市场信息等，这些信息在整个物流活动的上、下游流动，反映生产厂家、批发商、零售商与消费者之间的关系，是它们协调一致、有效控制、快速反应市场的重要条件。

二、物流信息的特点

（一）物流信息涉及方面广，信息量大

企业产品和资金的流动都会产生企业物，其包含环节之多、涉及范围之广是各种企业管理活动之最，因此物流信息源的分极为零散，信息数量极为巨大。如果企业在这个复杂的经营领域内，没有实现管理的统一化或标准化，那么这些信息量巨大、信息种类丰富的重要决策资源就会因为应

用和调度上的不统一而失去作用。

（二）物流信息时间性强，更新快

企业物流信息动的动态性特别强，并且更新的速度也很快，这就意味着如果企业不能及时对这些信息进行加工、分析和整理，那么其利用价值的衰减会很快。由于企业物流信息的这一特性，如果企业对这些信息进行有效的利用，那么企业必须建立完善的物流信息管理系统而后交流平台。有了这些措施的保障，物流信息收集、加工、处理的及时性会得到最大程度的保障。

（三）物流信息来源多样化

我们前面也提到过，企业的物流活动产生的物流信息不仅包括企业生产信息、库存信息等企业内部的物流信息，而且还包括了企业与企业之间的交流合作、竞争对手市场信息等企业外部信息。从物流管理的角度来说，企业的竞争优势主要体现在各供应链与企业之间合作时的协调与配合程度上。

（四）物流信息的联系性

物流活动是多环节、多因素、多角色共同参与的活动，目的就是实现产品从产地到销地的顺利移动。因此. 在该活动中所产生的各种物流信息必然存在十分密切的联系。这种相互关联的特性是保证各物流子系统以及物流内部系统与物流外部系统相互协调运作的重要因素。

（五）物流信息的复杂性

物流信息的广泛性、联系性、多样性和动态性带来了物流信息的复杂性。在物流信息活动中必须对不同来源、不同种类、不同时间和相互联系的物流信息进行反复研究和处理，才能得到有实际应用价值的信息，去指导物流活动。这是一个非常复杂的过程。

三、物流信息的重要性

（一）信息是物流的重要功能

信息对物流天然的具有极为重要的影响，物流信息之于物流，犹如灵魂之于生命。我们甚至可以说，如果物流活动没有信息的支撑，那么整个物系统运行的基本推动也就不存在。之所以这样说是因为：物流信息的利用提高了整个物流活动运作的效率。

1. 保证运输效率和安全

在运输环节中，我们经常会见到使用了全球定位系统运输设备，对地面运输车辆和水运船的精确定位与，不仅可以为其提供可靠的交通信息、气象信息，确保车辆、船只的运营效率和安全，而且也能对运输过程中使用到的各种类型的运输工具进行优化组合、完成运输网络的编制，大幅度提高企业的运输效率。

2. 降低仓储成本，提高仓储效率

在货物保管环节中，由于物流管理信息系统使用了条形码信息技术，因此在商品的出入库、库存保管、商品统计查寻、托盘利用等所有保管作业实现了自动检测、自动操作和自动管理。这种自动化作业大幅度降低了企业产品的库存成本，提高了仓储效率。

3. 保证用户服务效率

在装卸搬运和包装环节中，由于物流管理信息系统使用了电子数据信息和条形码信息技术，实现了自动化装卸搬运、模块化单元包装、机械化分类分拣和电子化显示作业。这种自动化作业大幅度提高了装卸搬运和包装作业效率，加强了为用户服务的效率。

（二）信息提升物流系统的整体效益

由于使用了电子数据交换系统，使运输、保管、装卸搬运、包装等各环节功能之间，实现了数据的快速、批量传送。特别是各部门、各种运输工具、各种类型单位之间的横向数据交换。这就把物流的各个环节功能有效地衔接和整合起来，发挥了物流系统整体和综合优势。

（三）信息提升物流、商流、资金流的整体效益

由于有了互联网，充分利用事务处理系统（TPS）、管理信息系统（MIS）、决策支持系统（DSS）、销售时点信息系统（POS）等信息系统，把生产企业、批发零售企业、供应商、分销商、物流企业、金融信贷企业等通过现代信息技术联系在一起，及时、准确、批量地交换有关数据；商流、物流和资金流有机地连接起来，提升了整体效益：使生产、流通和消费能动地协调起来，克服了横向阻隔，实现了良性循环，避免了大量不必要的浪费，提高了经济和社会效益。

四、物流信息化

（一）物流信息化的概念

物流信息化是指物流企业以业务流程重组为基础，广泛使用现代物流信息技术，控制和集成企业物流活动的所有信息，实现企业内外信息资源共享和有效利用，以提高企业的经济效益和核心竞争力。

当前，企业物流信息化程度的高低，已经成为衡量现代化经营理念和经营手段的一个重要标志，也是现代物流企业市场核心竞争力的一个重要表现。现代物流企业必须应该广泛使用现代物流信息技术，控制和集成所有的信息。有几台计算机，开发几个信息系统，买几台物流设备，不能称其为物流信息化。物流信息化意味着整个物流作业环节从运输、仓储、装卸搬运、包装、流通加工到配送全面使用现代信息技术，实现企业内外信息资源的优化配置和集成化管理，企业的发展更多的是利用信息。物流信息化的最终目的是提高企业的经济效益和核心竞争力，企业的经营管理要较以前有本质、根本性的变化。

（二）物流信息化的内容

1．现代物流信息技术的广泛应用

现代物流信息技术的应用是物流信息化的基本内容，也是物流信息化的技术基础，如果物流信息技术发展不成熟，对其应用也没有达到一定的普及化标准那么，我们也不能称其为物流信息化。现代物流信息技术是以计算机技术为基础的，另信息处理技术、通信技术、Internet 技术、条码（二维码）技术、电子数据交换技术、无线射频技术、地理信息系统、GPS 系统、计算机快速反应技术、电子自动订货系统等也是无力信息化不可或缺的重要技术支持。

计算机是现代科学技术的集中体现，大型计算的广泛应用，个人 PC 的快速普及，为物流信息化提供了最基本的实现条件。这是因为，在目前阶段绝大部分的企业信息现在都是以电子信息的形式出现，并且需要借助计算机对这些信息进行分析和处理才能进行运用。21 世纪别成为信息化世纪，一个没有计算机设备辅助的企业是难以正常运行的，因为如果缺少了计算机企业不能与社会交流信息，企业将处于一个接近封闭的状态，信息交流的受阻会使企业逐步丧失对市场的把握能力，导致错过很对发展机会，甚至会使企业陷入困境逐步走向灭亡。一般来说企业的计算机技术的应用主

要包括硬件建设和软件开发运用两个方面。硬件建设主要是指，企业购买计算机硬件；软件开发与运用主要是指，企业进行软件开发和购置。

2．物流过程信息化

物流过程的信息化是指建设以适应物流市场变化，可迅速、快捷、灵敏反应的物流信息系统，形成以物流市场为核心，使物流要素的资源信息化、数字化、自动化，实现物流活动过程的优化和高度集成的信息体系。这一体系的主要体现为物流运输信息化、仓库存储的信息化、装卸搬运的信息化、包装设计的信息化、流通加工信息化、产品运输的信息的化、商品销售的信息化以及企业信息处理的数字化等方面。

3．物流管理信息化

物流管理工作是一项复杂的企业工作，是一个系统化的复杂工程，其主要功能包括生产组织、调度指挥、组织协调、管理控制等。物流管理信息化管理手段和管理方式的一次革命性转变，具有很多传统管理手段所部具备的优点，我们主要可以概括为以下几点。

（1）提高管理效率。

通过信息化的管理企业彻底改善了物流管理工作费时费力的传统工作状况，运用现代化的技术手段大大提高物流管理工作的效率。

（2）增强物流管理的科学性。

通过建立物流管理信息系统，使物流计划制定更加科学合理，更加切合实际，并具有前瞻性，能够帮助企业在复杂的市场竞争环境中最大限度地规避可以避免的风险。

（3）优化组织职能。

组织职能也将大大优化，更有效率。这是因为在物流信息化的管理模式下，企业的可以改变传统的单向指挥（由上而下），而是建立起一种互动式管理体系（既包含自身而下，有包含自下而上），这样企业的指挥和调度能够得到及时反馈，使整个组织管理体系的职能运作方式得到优化。

4．加强企业信息网络及网站建设

现代物流企业必须充分利用计算机网络开展物流业务活动，必须构建企业内部信息网络和建立企业网站，企业网要与外部互联互通，实现物流信息资源共享。加强企业信息资源的开发利用，要根据企业的特点，建立企业信息资源库。充分利用企业内外信息资源，为企业管理和决策提供依据。

5．重视信息管理机构的建立和人才培养

企业如果想要实现物流信息化，建立现代化的企业物流管理体系应该首先建立相应的信息管理机构，配备相应的信息管理人才，这也是企业物流信息化的基本前提。物流企业首席信息官制度是现代物流企业最常见的一种管理手段，其基本着眼点在培养自己的 CIO 人才，逐步完善企业物流管理体系。在这个过程中，做好信息化基础工作，重视并加强企业信息化标准工作，并建立行与之配套的规范的信息管理制度，严格操作程序和规程，按信息化要求加强企业业务流程重组和优化。

（三）物流信息化对企业的影响

1．物流信息化拓宽了物流企业的生存发展空间

由于物流信息技术在物流领域的广泛应用，使物流市场和物流企业逐步实现信息化、数字化、网络化，有效合理地配置使用各种资源，方便物流企业进入其他地区、其他行业或其他企业的市场，甚至冲出国门、走向全球，从而大大地拓宽了物流企业的生存发展空间，有利于物流企业适应经济全球化的发展需要。

2．物流信息化有利于物流企业经营规模的扩张

在发展过程中，物流企业必然会经历这样一个过程。随着企业市场表的逐步稳定，企业经营和发展空间扩大，这时候企业往往对经营规模的扩张，但物流企业的扩张不同于普通企业的扩张，因为物流企业的扩张的重点不单纯是生产能力的改造，而是将重点集中于商品渠道的拓展，而这些经营领域的扩张带来的是组织成本、管理费用的急速增加，组织管理控制能力的下降以及经营风险的增加，因此，物流企业只有通过信息化、数字化、网络化才能缩短由于经营规模扩张所带来的空间距离，降低组织成本和管理费用，从而形成其竞争优势，提高其市场竞争实力。

3．物流信息化为物流企业赢得了时间竞争优势

物流信息技术的强大功能不仅可以在物流企业内加速物流信息的处理、存储、传递、使用和反馈，大大提高物流作业效率，而且可以整合企业间的不同信息系统，使物流供应链成员之间沟通信息更为方便、快捷，缩短了时间上的距离，为物流企业建立了一个有效的快速反应系统，从而赢得时间上的竞争优势。

4. 物流信息化为物流企业走向世界提供了有利条件

物流企业要冲出国门，实现国际化经营，就必须以物流信息化作为信息交流平台。在国际物流条件下，企业的经营管理的及理念是准时管理、精益化管理和柔性化管理。而所有这些管理，不仅需要现代技术的支持，而且还需要有一个信息化支撑平台。如准时管理，就需要资金流、物流、信息流合而为一，需要有能支持多功能集成的网络与物流信息化平台。现代物流是当代计算机技术与物流信息技术的运用，是先进物流思想的真实体现。

第二节　供应链中的信息技术

供应链管理下的现代化物流管理与信息技术紧密相关，信息技术是整个供应链物流信息收集、整理、分析以及发布和共享的基础，没有信息技术的支持供应链物流管理根本难以进行。近年来信息技术的成熟以及应用成本的下降促进了物流业信息技术应用水平的发展，提高了物流业的效率和竞争力，改变了传统物流业的发展方向。

一、条形码技术（自动识别技术）

物流管理中最基本也最烦琐的工作就是原始数据的采集，在没有应用信息技术之前，这项工作都是由人工完成的，甚至包括更复杂的处理数据工作也由人工完成，这样做不但速度慢、成本高，而且存在比较高的差错率，这与数据分析和处理对原始数据的要求有很大的差距。因此，信息的采集作为物流信息系统现代化管理的基本内容，应该得到大家的重视。

（一）自动识别技术

自动识别系统与传统的人工录入方式有很大的不同，它不需要使用键盘数据输入计算机系统、编辑控制器以及其他微处理器中，而是通过一系列的操作将后，系统自动将数据输入到制定的数据处理工具之中。自动识别可以使用条形码、射频标识与射频数据通信、磁条、语言、视觉系统、光学字符识别、生物识别等进行信息录入。就目前而言，在销售信息系统（POS 系统）、库存系统、分货拣货系统等现代物流活动管理系统中最早使用的、应用范围最广的、最值得人们信赖的就是条形码技术。

（二）条形码技术

条形码是最常用的自动识别技术，它将数据编码成可以用光学方式阅读的符号，辅以相应的印刷技术生成特定的机读的符号，扫描器和解码器可以采集符号的图像被转换成计算机处理的数据并进行校验。

条形码是由一组规则排列的条、空格以及相应的字符组成的图形标识符，用以表示一定的信息。条形码隐含着数字信息、标识信息、符号信息等，主要用于表示商品的编号、名称、产地、价格、种类等，是全球通用的商品代码的表述方式。利用黑、白、宽、窄扫描光线产生不同的反射接收效果，在光电转换设备上转换成不同的电脉冲，形成可以传输的电子信息。由于光的速度极快，所以能准确无误地对运动中的条形码予以识别。

条形码技术是在计算机的应用实践中产生和发展起来的一种自动识别技术，提供了快速、精确、低成本的数据采集方法，是实现各行业自动化管理的必要条件，也是实现现代物流系统管理中重要的技术保障。

二、射频技术

（一）无线射频的概念

射频技术 RF（Radio Frequency）的基本原理是电磁理论，也就是利用无线电波对记录媒体进行读写。射频系统最大的优点不受到实现的约束与局限，另外起识别距离也比光学系统远。还有一类射频识别卡，它们具有读写能力，可携带大量数据，难以伪造和有智能等特点。

（二）射频识别系统的组成

射频识别系统在具体的应用过程中，根据不同的应用目的和应用环境，系统的组成会有所不同，但从射频识别系统的工作原理来看，系统一般都由信号发射机、信号接收机、发射接收天线几部分组成。

1. 信号发射机

在射频识别系统中，信号发射机的使用目的和使用环境不同，其存在的形式和利用的方式都会有所差异，典型的形式是标签（TAG）。标签也是一种符号标识，相当于条形码技术中的条形码符号，用来存储需要识别传输的信息。另外，与条形码不同的是，标签必须能够自动或在外力的作用下，把存储的信息主动发射出去。标签一般是带有线圈、天线、存储器与控制系统的低电集成电路。

2．信号接收机

在射频识别系统中，信号接收机一般叫作阅读器。根据支持的标签类型不同于完成的功能不同，阅读器的复杂程度是显著不同的。阅读器基本的功能就是提供与标签进行数据传输的途径。另外，阅读器还提供相当复杂的信号状态控制、奇偶错误校验与更正功能等。

3．编程器

只有可读可写标签系统才需要编程器；编程器是向标签写入数据的装置。编程器写人数据一般来说是离线（off-line）完成的，也就是预先在标签中写入数据，等到开始应用时直接把标签附在被标识项目上。也有一些RFID应用系统，写数据是在线（on-line）完成的，尤其是在生产环境中作为交互式便携数据文件来处理时。

4．天线

天线是标签与阅读器之间传输数据的发射、接收装置。在实际应用中除了系统功率，天线的形状和相对位置也会影响数据的发射和接收，需要专业人员对系统的天线进行设计。

三、EDI 技术

（一）EDI 技术的概念

电子数据交换（Electronic Data Interchange，EDI）是 20 世纪 70 年代发展起来的，融合现代计算机和远程通信技术为一体的信息交流技术。经过 30 多年的发展，电子数据交换技术已经作为一种电子化的贸易工具和方式，被广泛应用于商业贸易伙伴之间，特别是从事国际贸易的贸易伙伴之间，它将标准、协议规范化和格式化的贸易信息通过电子数据网络，在相互的计算机系统之间进行自动交换和处理。成为全球具有战略意义的贸易手段和信息交换的有效方式。

要准确理解电子数据交换的感念我们应该从以下几个方面入手。

（1）EDI 的使用主体是进行商品交易的双方，是企业与企业之间的一种数据交换，而组织内的文件传递。

（2）交易双方传递的是符合报文标准的、有特定格式的文件。目前采用的报文标准是联合国的 UN / EDIFACT。

（3）双方有各自的计算机或计算机管理信息系统。

（4）双方的计算机或计算机系统能发送、接收并处理符合约定标准的交易电文的数据信息。

（5）双方计算机之间有网络通信系统，信息传输是通过该网络通信系统实现的。信息处理是由计算机自动进行的，无须人工干预和人为介入。

（二）EDI 在物流系统中的应用

EDI 是一种应用电子技术，按一定规则进行加密和解密，并以特殊标准和形式传输信息，而不是通过传统的邮件、快递或者传真来描述机构之间传输信息的能力。一般而言，企业间往来的单证都属于 EDI 报文所能适用的范围，包括零售商、批发商、制造商、运输商、配送中心各环节中的一系列活动。

物流信息由相关物流活动的实时数据构成，包括物料供应流程、生产状态、库存控制、运输装卸以及新的订货等。在这样的系统活动过程中，不仅需要物流企业与卖主或供应商、金融机构、运输承运人和顾客交流有关订货装运和开单的大量信息沟通，还有物流企业内部正常运行所需要的有关物流计划的实施、控制等数据交换。通过 EDI，可以快速获得信息、提供更好的服务、减少纸面作业、更好地沟通和通信、提高效率、降低成本；还能改进顾客服务水平、缩短事务周期、减少订货周期中不确定性、增强企业的竞争力等。因此， EDI 是物流系统信息集成的一种重要工具。

四、EOS 与 POS 技术

（一）电子订货系统（EOS）

EOS 即电子自动订货系统（Electronic Ordering System），是指企业间利用通信网络（VAN 或互联网）和终端设备以在线联结（On-Line）等方式进行订货作业和订货信息系统交换的系统。

EOS 是一种先进的电子商务物流技术，包含了很多先进的管理手段，在企业物流管理中占有十分重要的地位。传统的订货方式，如上门订货、邮寄订货、电话订货、传真订货等，利用 EOS 可以缩短从接到订单到发出订货的时间，缩短订货商品的交货期，减少商品订单的出错率，从而达到节约成本的目的。

EOS 有利于减少企业的库存水平，提高企业库存效率，使物流过程各个活动环节之间的信息沟通更加便利和迅速，从而大大丰富物流系统所需的信息量。

EOS 系统是由众多零售企业和批发商组成的大系统整体运行。其基本流程大致如下：

（1）在零售企业的终端利用条形码阅读器获取准备采购的商品条形码，并在终端机上输入订货信息，通过增值网络（VAN）传到批发商的计算机中。

（2）批发商开出提货传票，并根据传票，同时开出拣货单，实施拣货，然后依据送货单进行商品发货。

（3）送货传票上的资料便成为零售商的应付账款资料及批发商的应收账款资料。

（4）零售商对收到的货物进行检验后，整个过程告一段落，销售商便可以陈列与销售了。

（二）销售时点系统（POS）

POS 即销售时点信息系统（Point 0f Sale），是指通过自动读取设备（如收银机），在销售商品时直接读取商品销售信息（如商品名、单价、销售量、销售时间、销售企业、购买顾客等），并通过通信网络和计算机系统传送至有关部门进行分析加工提高经营效率的系统。

POS 系统能够对商品进行单品管理、员工管理和客户管理，并能适时自动取得销售时点信息和信息集中管理，紧密地连接着供应链，是物流信息系统管理的站点。

1. POS 系统的基本内容

POS 系统包括前台 POS 系统和后台 MIS 系统两大基本组成部分。

前台 POS 系统是指通过自动读取设备，如条形码阅读器，在销售商品时直接读取商品销售信息，实现前台销售业务自动化，对商品交易进行实时服务和管理，并通过通信网络和计算机系统传至后台 MIS 系统的信息子系统。

后台 MIS 系统（Management Information System），又称为管理信息系统。它负责整个商场进、销、调、存系统的管理以及财务管理、考勤管理等，根据前台 POS 系统传输的信息，计算、分析与汇总商品销售的各项信息，分析经营成果，为企业的经营决策、实施方案提供依据。

2. POS 系统的应用

POS 系统把现金收款机作为终端机与计算机联结，并通过光电识读设备为计算机录入商品信息。当商品通过结算台扫描时，商品条形码所显示的信息被录入到计算机，计算机从数据库文件中查询到该商品的名称、价格、包装、代码等，经过数据处理后，打印出数据。零售商店主机的条形码数据和商品价格每天或定期更新并下载至店面微机。

五、GPS / GIS 技术

（一）全球定位系统（GPS）

GPS 是 Global Positioning System 的简称，中文为“全球定位系统”。它是结合了卫星及无线技术的导航系统，具备全天候、全球覆盖、高精度的特征，能够实时、全天候为全球范围内的陆地、海上、空中的各类目标提供持续实时的三维定位、三维速度及精确时间信息。

1．GPS 系统组成

全球定位系统是美国第二代卫星导航系统，由空间部分、地面监控部分和客户接收机三大部分组成。

地面监控部分包括一个主控站、三个注入站和五个监控站。监控站设有 GPS 客户接收机、原子钟、收集当地气象数据的传感器和进行数据初步处理的计算机。监控站的主要任务是取得卫星观测数据并将这些数据传送至主控站。主控站设在范登堡空军基地。它对地面监控部实行全面控制。主控站主要任务是收集各监控站对 GPS 卫星的全部观测数据，利用这些数据计算每颗 GPS 卫星的轨道和卫星钟改正值。注入站负责向卫星传输数据。

2．利用 GPS 技术实现货物跟踪管理

货物跟踪是指物流运输企业利用现代信息技术及时获取有关货物运输状态的信息，如货物品种、数量、货物在途情况、交货期间、发货地和到达地、货物的货柜、送货责任车辆和人员等，提高物流运输服务的方法。具体说就是物流运输企业的工作人员在进行物流作业时，利用扫描仪自动读取货物包装或者货物发票上的物流条形码等货物信息，通过计算机通信网络把货物的信息传送到总部的中心计算机进行汇总整理，这样所有被运送货物的物流全过程的各种信息都集中在中心计算机里，可以随时查询货物的位置及状态。

3．GPS 的物流功能

（1）实时监控，任意时刻通过发出指令查询运输工具所在的地理位置

（经度、纬度、速度等信息）并在电子地图上直观地显示出来。

（2）双向通信，GPS 的客户可使用 GSM 的话音功能与司机进行通话或使用本系统安装在运输工具上的移动设备的汉字液晶显示终端进行汉字消息收发对话。

（3）动态调度功能，调度人员能在任意时刻通过调度中心发出文字调度指令，并得到确认信息。可进行运输工具待命计划管理，操作人员通过在途信息的反馈，运输工具未返回车队前即做好待命计划，可提前下达运输任务，减少等待时间，加快运输工具周转速度。

（4）数据存储及分析，实现路线规划及路线优化，事先规划车辆的运行路线、运行区域，何时应该到达什么地方等，并将该信息记录在数据库中，以备以后查询、分析使用。

（二）地理信息系统（GIS）

GIS 即地理信息系统（Geographic Information System），是在 20 世纪 60 年代开始迅速发展起来的地理学研究新成果。GIS 系统是多学科集成并应用于多领域的基础平台，具有数据采集、输入、编辑、存储、管理、空间分析、查询、输出和显示功能，为系统用户进行预测、监测、规划管理和决策提供科学依据。

GIS 系统以地理空间为基础，利用地理模型的分析方法及时提供多种空间、动态的地理信息，从而为有关经济决策服务。GIS 在物流领域中的应用，便于企业合理调配和使用各种资源，提高运营效率和经济效益。

1. GIS 的作用

在具体的应用领域中，GIS 可以帮助分析解决下列问题：

（1）定位（Location）：研究的对象位于何处？周围的环境如何？研究对象相互之间的地理位置关系如何？

（2）条件（Condition）：有哪些地方符合某项事物（或业务）发生（或进行）所设定的特定经济地理条件？

（3）趋势（Trends）：研究对象或环境从某个时间起发生了什么样的变化？今后演变的趋势是怎样的？

（4）模式（Patterns）：研究对象的分布存在哪些空间模式？

（5）模拟（Modeling）：当发生假设条件时，研究对象会发生哪些变化？引起怎样的结果？

GIS 最明显的作用就是能够把数据以地图的方式表现出来，把空间要素和属性组合起来就可以制作出各种的信息地图。专题地图的制作从原理上讲并没有超出传统的关系数据库的功能范围，但把空间要素和属性信息联系起来后的应用功能大大增加了，应用范围也扩大了。因而 GIS 能够支持空间查询和空间分析，空间分析往往是制定规定和决策的重要基础。

2. GIS 在物流中的应用

GIS 不仅是一种查询信息的方法，也是一种挖掘信息模式的技术。因此，越来越多的商业领域已把 GIS 作为一种信息查询和信息分析工具，GIS 技术本身也融入了这些商业领域的通用模型。因而 GIS 技术在各个商业领域无论是在深度上还是广度上都处于不断发展之中。

GIS 在物流领域中的应用主要是指利用 GIS 强大的地理数据功能来完善物流分析技术，合理调整物流路线和流量，合理设置仓储设施，科学调配运力，提高物流业的效率。目前，已开发出了专门的物流分析软件用于物流分析。完整的 GIS 物流软件集成了车辆路线模型、最短路径模型、网络物流模型、分配集合模型和设施定位模型等。

（1）车辆路线模型。

车辆路线模型用于研究解决在一个起始点、多个终点的货物运输中，如何降低物流作业费用，并保证服务质量的问题。包括决定使用多少车辆，每辆车的行驶路线等。

（2）网络物流模型。

网络物流模型用于解决寻求最有效的分配货物路径问题，也就是物流网点布局问题，如将货物从 n 个仓库运到 m 个商店，每个商店都有固定的需求量，因此需要确定由哪个仓库发货给哪个商店，使得运输代价最小。

（3）分配集合模型。

分配集合模型可以根据各个要素的相似点把同一层上所有或部分要素分为几个组，用于解决确定服务范围和销售市场等问题，如某一公司要设立数个分销点，要求这些分销点覆盖某一地区，而且要使每个分销点的顾客数目大致相等。

（4）设施定位模型。

设施定位模型用于确定一个或多个设施的位置。在物流系统中，仓库和运输线共同组成了物流网络，仓库处于网络的接点上，接点决定着线路，如何根据供求的实际需要并结合经济效益等原则，在既定区域内设立多少仓库，每个仓库的位置，每个仓库的规模，以及仓库之间的物流关系等，运用此模型均能很容易地得到解决。

美国联合包裹服务公司是一家现代化程度极高的物流企业，在他们的供应链物流管理中，充分体现出了各种现代化信息技术在企业中的综合运用，他们的做法对物流企业的现代化发展具有极为重要的意义。

美国联合包裹服务（United Parcel Service，UPS）公司是世界上最大的配送公司。1992 年，UPS 公司的收入接近 160 亿美元，其包裹和单证流量大约 29 亿件，平均每天向 100 多万的老顾客递送 1 100 万件包裹。公司向制造商、批发商、零售商和服务公司提供各种范围的陆路和空运的包裹与单证的递送服务，以及大量的增值服务。

1986 年以前，UPS 公司并不依赖信息技术来推动其配送业务。当时，公司的高级副总裁——现任主席和首席执行官的肯·C.纳尔逊（Ken e Nelson）——被选中去领导一支“技术使命部队”，其战略目标是要从根本上对公司的技术进行彻底的大检修，把功能性的、作业导向的公司转化为一个精通现代化技术的公司。该“技术使命部队”首先制定了一个 5 年计划和 15 亿美元的预算。该计划如期完成，但是，在 5 年不到的时间里，UPS 公司就已花完了所分配的钱。据了解，该项努力耗资几十亿美元。到 1991 年，UPS 公司的通信网络已连接了 6 台大型计算机、250 台小型计算机、4 万台个人电脑，以及全世界 1 300 个配送点之间的 7.5 万个手提电脑。

公司对应用必要的战略信息技术的要求是，对未来市场需求和顾客需求做出高度精确的描述。整个 80 年代，UPS 公司以其大型的棕色卡车车队和及时的递送服务，控制了路面和陆路的包裹速递市场。然而，到了 80 年代后期，随着竞争对手利用不同的定价策略以及跟踪和开单的创新技术对 UPS 的市场进行蚕食，公司的收入开始下滑。为了提供可靠的、明确规定时间的递送服务，路面承运人与航空承运人之间的竞争日益激烈。在航空速递市场中，公司在注重既缩短时间又降低成本的基于时间的管理战略的同时，又增加了延迟装运策略。

UPS 公司致力于信息技术的升级和利用，提供除通宵装运之外的各种服务。这种趋势有望继续到可预测的未来。有许多大型的托运人希望通过单一服务来源提供全程的配送服务。随着竞争的白热化，服务需求已变得愈来愈迫切。顾客们正在通过更多的信息，指望控制成本和提高效率。UPS 公司负责营销的副总裁迪克·格林（Dick Green）认为，如今，提供信息服务已是包裹递送业务中的一个至关重要的竞争要素。格林说：“我们正在努力营造，提供顾客们正在期待的全面信息服务。”

UPS 公司已通过广泛应用三项以信息为基础的技术来提高其服务能力。

第一，条形码和扫描仪使 UPS 公司能够有选择地每周 7 天、每天 24 小时地跟踪和报告装运状况。顾客只需拨免费电话，即可获得“地面跟踪”和航空递送这样的增值服务。

第二，UPS 公司的递送驾驶员现在携带着以数控笔技术为基础的笔记本电脑到排好顺序的线路上收集递送信息。这种笔记本使驾驶员能够用数字记录装运接受者的签字，以提供收货核实。计算机化的笔记本协调驾驶员信息，减少了差错，又加快了递送速度。

第三，UPS 公司最先进的信息技术应用，是 1993 年创建的一个全国无线通信网络。该网络使用了蜂窝状载波电话。蜂窝状载波电话技术使驾驶员能够把实时跟踪的信息从卡车上传送到 UPS 公司的中央电脑。无线移动技术和系统得到来自新泽西州莫澳（Mahwah）数据中心的 1 亿美元的支持，使公司能够提供电子数据储存，并能跟踪公司在全球范围内每天上百万笔递送业务。为了支持公司在欧洲增长的作业，UPS 公司还在莫澳基地安装了卫星地面站，提供美国与德国间的直接联系。

UPS 公司致力于信息技术的升级与利用。公司准备再投资 30 亿美元用于扩大系统，以满足其进一步的目标，使实时包裹跟踪成为现实。

第三节　信息技术在供应链管理中的应用

信息技术在供应链管理中的应用可以从两个方面理解：一是信息的功能对供应链管理的作用（如 Internet、多媒体、EDI、CAD / CAM、ISDN 等的应用）；二是信息技术本身发挥的作用（如 CD-ROM、ATM、光纤等的应用），特别是最新 IT 技术（如多媒体、图像处理和专家系统）在供应链中的应用，可以大大减少供应链运行中的不增值行为。

根据信息技术在供应链管理主要领域的应用，可以归纳出如图 5-1 所示的应用领域。

从图 5-1 中我们可以看出，供应链管理涉及的主要领域有产品、生产、财务与成本、市场营销 / 销售、策略流程、支持服务、人力资源等多个方面，通过采用不同的信息技术，可以提高这些领域的运作绩效。

（1）EDI 是供应链管理的主要信息手段之一，特别是在国际贸易中有大量文件传输的条件下。EDI 是计算机与计算机之间相关业务数据的交换工具，它有一致的标准以使交换成为可能。典型的数据交换是传向供应商的订单。EDI 的应用较为复杂，其费用也很昂贵，不过最新开发的软件包、远程通信技术使 EDI 更为通用。利用 EDI 能清除职能部门之间的障碍，使信息在不同职能部门之间通畅、可靠地流通，能有效减少低效工作和非增值业务（non-value added process）。同时可以通过 EDI 快速地获得信息、更好和反馈等方面的信息，EDI 在采购订单、付款、预测等事务处理中的应用，可以提高用户和销售部门之间数据交换工作效率，保证为用户提供高质量的产品和服务。

（2）会计业务包括产品成本、买卖决策、资本投资决策、财务和产品组决策等。计算机信息系统包括在线成本信息系统和数据库，主要采用在线共享数据库技术和计算机信息系统完成信息的收集和处理。技术分析专家系统（expert system for technology analysis，ESTA）、财务专家系统能提高企业的整体投资管理能力，而且在 ESTA 中应用人工智能（artificial intelligence，AI）和神经网络技术，可以增强某些非结构性问题的专家决策。人工智能的应用可以提高质量、柔性、利用率和可靠性，电子数据交换（electronic data interchange，EDI）和电子资金转账（electronic funds transfer，EFT）应用在供应链管理中，可以提高供应链节点企业之间资金流的安全性和交换的快速性。

（3）生产过程中的信息量大而且复杂，如果处理不及时或处理不当，就有可能出现生产的混乱、停滞等现象。MRPII、J IT、CIM 等技术的应用可以解决企业生产中出现的多种复杂问题，提高企业生产和整个供应链的柔性，保证生产及供应链的正常运行。

（4）客户 / 服务技术可以应用于企业之间的信息共享，改善企业的服务水平，同时各种网络新技术的应用也可以改善企业之间的信息交互使用情况。信息自动化系统提高了分销、后勤、运输等工作的效率，减少了纸面作业，从而降低成本，提高用户服务水平

（5）供应链设计中运用 CIM、CAD、Internet、e-mail、专家支持系统等技术，有助于供应链节点企业的选择、定位和资源、设备的配置。决策支持系统（＼DSS）有助于核心企业决策的及时性和正确性。

（6）人力资源管理中，人类行为工程（human performance engineering，HPE）也开始在企业管理中得到应用，它的主要职能是组织、开发、激励企业的人力资源。在企业系统的工作设计、培训、组织重构中应用 HPE，可以帮助企业提高从最高领导层到车间的人力效率，同时多媒体、CAD / CAM 和 Internet 等技术的应用可以改善职工之间的合作水平，减少工作压力。

神龙汽车有限公司是我国的一家规模和实力都十分雄厚的汽车制造企业，神龙汽车公司在其供应链和物流信息的管理上应用了很多现代化的信息技术手段，正是这些手段使神龙汽车公司在供应链物流的管理上走在国内企业的前面，下面我们来一看神龙公司的物流管理系统。

神龙汽车有限公司由东风汽车集团、法国雪铁龙汽车集团、法国国民银行和法国兴业银行共同出资于 1992 年年初成立于湖北省武汉市（中方投资占 70%），目前拥有零件加工、装配、包装、运输、销售等一整套设备、设施、人员及组织机构。随着国内轿车市场竞争越来越激烈，该公司感到原有的管理方法已严重钳制了企业的发展，尤其在和合作企业的信息沟通上，存在着较大的问题。

神龙公司与其他合作企业之间的信息交流尚未建立规范体系，无共同遵守的工作准则。例如，神龙公司与雪铁龙公司的业务往来通过 EDI 进行数据交换，双方规定必须严格遵守文件的标准格式，任一方擅自改动格式都将导致对方的系统无法正常工作。1992 年 2 月，雪铁龙公司更改了发货合同的格式，未提前与神龙公司做好技术上的准备，从而导致神龙公司的翻译软件无法工作，无法获取数据。因此，从神龙公司在供应链中所处的核心企业的角度来看，该公司的管理信息系统既要接受来自不同体系的信息，又要对之进行处理，用以计划、组织和控制本企业的行为，然后将现有的状态反馈给不同的企业成员，因此，神龙公司的管理信息必须高度集成，为通过供应链管理实现企业经营目标提供可靠保障。

为了确保各种信息在供应链中所有成员之间的有效传递，神龙汽车建立了 EDI 和 Internet 相融合的信息组织模式。将 EDI、Internet 和企业的信息系统集成起来能提高企业的经营管理水平。

神龙公司采用基于局域网和 Internet / EDI 的企业信息组织方式。其基本原理是先将企业各部门的信息系统组成局域网 LAN(10cal area network)，在 LAN 的基础上组建企业级广域网 WAN（相当于 Intranet），再和其他相关的企业和单位连接。根据合作企业的实力，采用不同的连接方式。例如，与雪铁龙公司通过 EDI 连接，与国内供应商主要通过 Internet 连接。对于 E1）I 的使用，神龙公司于 1997 年年底建立了 GEIS 专线，1998 年 4 月份开始在进口件采购业务中使用 EDI 技术，采用 GALIA 标准与雪铁龙公司进行要货令、发票、发货通知等数据交换，2D00 年将与雪铁龙公司一起升级采用 EDIFACT 标准。采用 EDI 技术是神龙公司 KD 件按件供应的前提。如果不采用 EDI 技术，雪铁龙与神龙公司需将 1000 余种零件的要货令、发货、发票信息手工维护到自己的系统中，不仅周期长，且无法保证准确性。采用 EDI 技术则使工作变得得心应手。神龙公司发出要货令电子文件 2 小时之内，雪铁龙便可在它的终端上接收，经翻译后转化为其系统的数据文件而直接使用。系统的分析，可以迅速地检查各种差异，并通过 Internet 及时反馈给神龙公司，有效地保障了工作质量。据估算，每月发货对应的发票、发货通知、装箱单等纸质文件（一式六份）就重达几百公斤，而所有信息通过 EDI 技术进行交换，大大减少了纸质单据的传递工作量，节省了信息传递的时间。在神龙和雪铁龙的国际贸易中采用 EDI 技术，使订单、发货通知、发票等大量的数据、文件信息传递变得可靠和通畅，减少了低效工作和非增值活动，并使双方快速获得信息，更方便地进行交流和联系，提高了相互的服务水平。

资料来源：http：//www.edieai.com/CBPResource/StageHtmlPage/531/A29920088261433531.

第四节　网络经济对供应链管理的驱动作用

网络经济是一种新兴的经济形态，其发展和逐渐繁荣是建立子信息技术的基础之上的。具体来说，网络经济就是利用互联网和互联网技术在网上进行各种经济活动以及其他相关经济形态活动的总称。网络经济是与电子商务紧急地结合在一起的，主要依靠信息流、资金流以及物流三大实现手段来完成整个经济活动的运作过程。网络经济已经成了今后经济发展的一个主要方向，随着网络经济的繁荣，供应链管理物流体系也必将得到更加广泛的运用和发展。

在网络经济环境下，企业管理供应链系统正向全球化、信息化、一体化的方向发展。网络经济中各种信息技术和信息管理平台的使用，使得供应链中的节点企业能更好地实现信息共享，加强各个合作企业之间的联系，能够显著的提高供应链的运作效率，提高企业的盈利空间。

网络经济的发展对供应链管理的驱动作用主要表现在以下几个方面。

（1）网络经济的发展和逐渐繁荣为供应链管理开辟了一个崭新的世界，它全面采用电脑和网络支持企业及其客户之间的交易活动，包括产品销售、服务、支持等。

（2）网络经济的发展和逐渐繁荣帮助企业拓展市场，拉近企业与客户间的距离。

（3）网络经济的发展和逐渐繁荣促进了企业间的合作，使企业与客户之间业务流程的无缝集成（生产、采购、库存、销售以及财务和人力资源管理的全部集成），使物流、信息流、资金流发挥最大效能。

企业在供应链管理中，可以运用的现代化信息管理手段包括 E-mail、电子会议、电子营销、EDI 销售点和预测、数字财务技术、共享数据库等，这些管理手段的运用和改善对企业供应、生产、库存、销售的管控效率会得到极大的提升；可以为供应商、分销商和客户建立更快、更方便、更精确的电子化联络方式，方便合作沟通；有利于实现信息共享和管理决策支持；同时还可以为将来实现端到端的供应链管理做好了准备。

第六章　供应链管理下的采购管理研究

在供应链管理下的进行的采购行为不仅是单纯的购买行为，而是从选择潜在供应商到商品入库的整个流程，在这个过程中还要经历询价、比价、订单确定及分配、确定交货条件、正式采购等多个过程。本章将通过对供应链与采购管理概述的介绍，研究供应链管理模式下采购组织与特点以及电子采购和准时化采购的具体流程。

第一节　采购与供应链管理概述

采购活动是一个系统的过程，在这个过程中，只要某一个环节出现了漏洞，那么就很有可能造成严重的危害。因此，采购活动的过程需要进行全程的控制。对采购活动的控制，简单地称为采购管理。而在供应链管理中对采购活动进行管理则要首先研究采购在供应链中扮演的角色以及其重要意义。本节就将对采购管理、采购活动在供应链中的作用进行具体分析。

一、采购管理概述

采购是指企业向供应商购买货物的一种行为。企业在生产和经营中需要用到的物资通常都是来自企业的采购。采购是企业经营活动的开始，因此对采购活动进行管理对于企业的整体经营都具有重要意义。

（一）采购的职能

采购的职能传统上是指企业的购买过程，这个过程包括确定需求、选择供应商、与供应商进行商务谈判、确定价格和条件、签订合同、收货等具体环节。简单来说，采购就是一种从正确的来源以合理的价格获得物资或服务的过程。在这种定义中，采购的职能主要包括以下几方面。

（1）确定需要购买的物资或服务的规格（包括质量、数量等条件）；

（2）选择最合适的供应商；

（3）为制订协议做好准备工作，并与供应商进行商务谈判；

（4）将订单发给供应商；

（5）对订单进行监督，并对采购费用进行控制；

（6）后续工作的评估。

需要注意的是，在上述采购职能的描述中，物资需求计划、原料安排、存货管理以及质量监督等都不属于采购职能，但是它们确实是采购活动必然涉及的环节。

（二）采购管理的概念

采购管理是企业对供应商进行管理的过程中必需的所有活动。采购管理涉及组织内部管理以及组织外部关系的维持两方面。因此，采购管理大体上也分为内部管理和外部管理两方面。

而采购管理是供应链管理的组成部分，供应链管理是指与原材料、零部件以及其他产品或服务的供应商的流动和转变相关的所有活动、信息和财力等的管理。不同于采购管理的是，供应链管理包括对物流活动的管理。

（三）采购货物的分类

采购流程的主要环节就是对货物的购买，在这个过程中会涉及多种品种的商品和服务。具体来说，采购过程中涉及的商品和服务主要包括以下几种。

1．原料

原料在企业的生产中发挥着基本材料的作用，是指没有经过转化或只经过最小限度转化的材料。

2．辅助材料

辅助材料是指在产品的生产过程中被使用或消耗，但是最终不会被产成品实际吸收的材料。比较常见的辅助材料包括润滑油、焊条等。

3．半成品

半成品是指经过多次处理，并在处理之后的生产阶段经过深度加工的材料。半成品通常都会出现在最后的产成品中。常见的半成品包括钢板、塑料薄片、钢条等等。

4．零部件

零部件是指不会经历更多的加工而出现在最终产成品中的物件，零部件通常通过互相连接，最后体现在产成品中。在日常生活中常见产品中，灯泡、电池、发动机零件、电子零件等等都是常用的零部件。零部件有专用件和标准件之分，专用件是指按照用户特定的需求进行特别设计或生产的，而标准件则是指按照供应商的标准规格进行生产的零部件。

5. 成品

成品是指在经过可以忽略的价值增值之后，同其他成品一起销售的产品，包括被用来销售的所有产品。在常见的产品中，以汽车为例，汽车中的收音机、装饰用橡胶都属于成品，他们都经过了一定的价值增值，但是制造商不会单独销售这些成品，而是让它们成为汽车的附件一同被消费。

6. 投资品或固定设备

投资品或固定设备是指不会立刻被消耗但是可能在一段时间之后遭遇贬值的产品。在日常生活中，大部分的家用电器都属于这个类别，比如说，经过一段时间的使用，空调的功效可能大不如前，计算机设备也可能出现系统故障等问题。

7. 维护、修理和运营用品

维护、修理和运营用品一般是指那些可以用于消费的物品或是间接材料。这类物品存在的意义在于维持组织的正常运转。这类产品通常有库存直接供应，比如日常工作中使用到的办公用品、复印纸等都属于维护、修理和运营用品。

8. 服务

服务是指在采购方与供应商签订的合同的基础上,由第三方完成的活动。第三方主要包括服务供应商、承包商、工程公司等。服务的主要内容包括提供清洁服务、雇佣临时劳务、承包商为化学公司设计新生产设备等等。

二、采购在供应链中的作用

上一段中已经对采购以及采购管理进行了简单的介绍，下面来研究以下采购活动在整个供应链管理中究竟扮演着怎样的角色。具体来说，采购活动在供应链中起到的作用主要体现在以下几个方面。

（一）采购对企业经营战略的影响

在当下的经济市场不断发生变化的背景下，企业常常由于突然发生的难以驾驭的力量而影响自身经营、决策的措施和方式。因此对供应商进行有效的管理成为越来越多的企业越来越重视的问题。同时，为了提供企业的竞争力，企业应当把市场和客户的真正需求作为企业的核心业务，把非核心业务外包给专业供应商进行处理。下面就对供应商管理的几个问题进行详细分析。

1. 价值链管理

价值链是指一件商品从原材料投入生产到最后成为销售出去的消费品这整个过程中经历的各个环节。而所有产品的价值链合在一起就构成了企业的价值链。企业的价值链很大程度上反映出企业的经营战略和完成战略的途径和措施。因此，如何提高企业的自身竞争力重点就在企业如何定位自身的价值链上。

2. 流程导向

流程导向是指企业对与消费者相关的活动进行管理和组织的过程。通过采取流程导向，企业可以实现对组织的外部进行观察和分析的目标。

3. 外购和管理第一流的供应商网络

外购对于很多企业来说都是起到影响企业生存的重要问题，而对供应商网络进行专业、有效的管理能在很大程度上实现以更低的成本获得更大的附加值的目的，从而降低企业成本，提高企业经济效益。

（二）采购对价值链的影响

上文中已经提到，价值链是体现一个企业经营战略及其实现途径的重要指标。而在价值链中，采购活动也越来越成为重要的影响因素。

价值链的组成要素包括价值活动以及由这些价值活动创造出来的周边利润。而其中的价值活动则可以根据不同的物质和技术活动分为基本活动和辅助活动两部分。在企业采购过程中，采购活动对基本活动和辅助活动的影响主要表现在以下几个方面。

1. 对基本活动的影响

采购的职能可以满足企业与自身的内部交流、对外部物流的管理等相关环节。为基本活动服务的采购活动通常被称为生产采购或生产物品的采购，这种采购由于能够满足与业务相关的物料需求，因此受到企业高层领导的重视。采购对基本活动的支持和影响主要表现在对制造过程的影响。

2. 对辅助活动的影响

采购活动也会涉及辅助产品和辅助服务的活动中，比如采购研发需要的实验设备、采购计算机硬件和软件、采购办公用品等等。以辅助活动为目标的采购同其他采购在职能性质上存在很大的区别。这类采购主要是为了维持企业的日常运行和生产，对企业的具体生产和消费品销售没有直接联系。

下表 6-1 体现了采购活动对基本活动以及辅助活动产生影响的区别。

表 6-1 为基本活动及辅助活动进行采购的区别

项目	为基本活动进行采购	为辅助活动进行采购
产品种类	可多可少	非常多
供应商数量	有限、清楚	非常多
采购金额	非常大、相当可观	有限
购货订单数量	相当多	非常多
平均订货量	高	低
控制	依赖于生产计划类型	与需求预测或项目有关的计划相关
决策制定单位	设计、制造部门的专业人员	各个部门，随产品或服务而变化

三、采购在供应链管理模式下应当具备的条件

要完全实现在供应链管理模式下进行企业的采购必须满足以下几个主要条件。

（一）建立满足供应链要求的信息管理系统

在传统的企业管理及企业采购活动中，采购信息通常是秘密的，不对外公开的，这就导致各个企业只为了自己的利益而忙碌。信息的不通畅导致市场需求的中断。企业在市场需求信息不能及时获得的情况下往往会得不偿失。

因此，在供应链的管理模式下，想要更好地促进采购活动的发展，从而给企业带来更多的利润，首先要做的就是将信息公开化，企业应当同供应商之间形成合作关系，建立通信系统，推动市场信息和需求的共享，从而提高企业对市场突然的变化的反应能力。

（二）组织结构及人员保证

在建立信息管理系统之后，企业应该组织信息中心或专业部门对信息系统进行管理，信息中心将从网络、企业内部各部门、企业外部等搜集到

的信息经过处理，再发送到企业的各个部门及企业外部。同时，信息中心的工作人员都应该是经过专业培训、具备网络信息专业知识的专业人员。

（三）建立准确、快速、高效的现代物流体系

建立准确、快速、高效的现代物流体系应该从以下几个方面努力。

（1）完善企业内部的物流体系。

（2）及时将采购物品送至生产需要的部门。

（3）完善企业外部的物流体系。

第二节　供应链管理模式下的采购组织与特点

在供应管理模式下的采购，其定位和结构取决于企业的业务特征以及情境因素。不同规模的企业或生产经营产品不同的企业在采购的组织和特点上都会存在很大的区别。本节将通过对供应链管理模式下采购组织结构的介绍，分析在供应链管理模式下采购团队建设的条件以及采购特点。

一、供应链管理模式下的采购组织结构

在 1995 年, Fearon 和 Leenders 在美国和加拿大分别开展了关于采购活动进程的调查，这项调查针对 302 家跨国工业和服务业企业展开。通过将调查得出的数据同 1988 年进行的一项类似调查的数据进行比较，可以得出结论：大部分企业在短短的几年间都完成了组织的重组。比如，在 1988 年调查报告中采用完全分散结构的企业中有 72%在 1995 年都转变成了合作的采购结构；而在 1988 年调查报告中采用完全集中采购结构的公司有 48%在 1995 年都转变为了混合式采购结构等等。这些转变都说明，企业在采购活动中越来越注重合作的重要性。

二、供应链管理模式下采购团队建设的条件

在供应链管理模式下进行采购团队的建设，具体来说应在以下几个方面注意条件的遵守。

（一）采购人员应具备的素质

商品采购是企业开展业务的第一个环节，它直接关系到企业业务活动

的成败。采购物品的质量会直接影响到企业销售产品的质量和销量；采购原材料的数量会直接影响到最终产品的质量和企业经营的连续性。因此，采购环节对于企业运营来说至关重要。

要做好采购工作，企业就必须具备一支高素质、专业化的采购团队。在这个采购团队中，每个采购人员都应该具备以下素质。

1. 思想品德素质

采购活动没有固定的规范，对采购行为进行调查也是非常困难的事情，这就造成了采购活动实际上是一个良心工作。也就是说，采购人员要遵循自己的良心进行采购活动。因此，为了确保采购活动不会影响企业的整体运营，在对采购人员进行选择的过程中，一定要注重对其道德素质的判断，选择大公无私、以企业利益为首要宗旨的员工成为采购人员。不仅能在一定程度上保证企业采购活动的顺利进行，也避免了因采购人员贪图私利造成了企业经济效益受到损害的情况。

2. 知识素质

采购人员仅仅具备良好的道德素质是不够的，由于采购活动涉及的领域和业务范围非常之广，不仅影响到企业的生产和销售，而且会对企业整体的运营战略产生影响。因此，采购人员必须具备一定的专业知识，以保证其能在与供应商进行商务谈判时不落下风。这里的专业知识不仅包括对市场、业务基础等的了解之外，还包括对文化常识、自然科学知识、心理学知识等的掌握。

3. 能力素质

具备知识素质的采购人员不一定就具有相当的能力。能力相对于知识来说，往往会在时间工作中扮演更为重要的作用。因此，采购人员在具备道德素质和知识素质的基础上，还应该具备一定的能力素质，包括对业务活动的分析能力、与各部门之间的协作能力、与供应商进行谈判时的交流和表达能力、对采购产品的成本分析和价值分析能力以及对市场需求的预测能力等等。

（二）采购人员应具备的观念

采购人员的观念是指采购人员在开展采购工作、处理采购问题过程中遵循的指导思想。正确的采购观念能够引导采购人员遵循客观规律进行采购活动，并能科学处理在采购过程中出现的问题，从而提高采购工作的质量。在现代采购活动中，采购人员应具备的观念主要包括战略观念、经济观念、竞争观念、服务观念创新观念等五部分内容。

（三）采购人员的招收和培训

在对采购人员的素质和思想观念进行了一定的规范和限制之后，对采购人员的招收和培训也有其注意事项。

1．采购人员的招收

在我国市场经济体制不断发展的当下，企业的经营自主权得到了扩大，因此对专业的采购人员的需求也提高了。在目前我国的采购人员招收中，主要采用的方式有两种，分别是企业内部招收和企业外部招收。

虽然各企业对采购人员招收的方式不同，但大体上都遵循“公开招收、自愿报名、全面考核、择优录用”的原则。遵循这种原则进行采购人员的招收主要由以下几方面的优势：避免“走后门”等现象的出现；减少“跳槽”的情况。

2．采购人员的培训

长久以来，很多企业都忽视了对采购人员进行培训这一环节。但实际上，对采购人员进行培训对于推动采购活动的顺利进行是非常重要的。对采购人员进行培训，一方面要对新招收的员工进行专业化的培训，以帮助他们尽快上岗；另一方面，也要根据企业的发展和采购业务的变化，对固有员工进行及时的培训，以帮助他们适应技术发展的需求，更新知识和技能。

三、供应链管理模式下的采购特点

在供应链管理模式下的采购与传统的采购在很多方面都存在着差异，这些区别主要体现在以下三个方面。

（一）从库存采购转变为订单采购

在传统的采购模式中，采购的目的只是补充商品库存，采购部门只需要根据订货点和订货周期机械的进行补货。但是，在供应链管理模式下，采购活动的最终目的不再是库存补给，而是为了满足订单的需求。商品的生产计划来源于客户的订单，而采购订单则取决于生产计划，最后供应商供货则是来源于采购订单，这是一个从用户需求到供应商供货的一体化流程。具体来说，以订单为驱动的采购行为的特点表现在以下几个方面。

1. 企业与供应商间建立合作伙伴关系

由于在供应链管理模式下，企业和供应商之间形成了一种稳定、长期的合作伙伴关系，因此，双方之间签订合同的过程会得到大幅度的简化，采购流程也会在很大程度上得到优化，避免了无效作业。

2. 实现了供应链同步化运作

在同步化供应链计划的调解下，企业的生产计划和采购计划以及供应商的供应计划实现了同步化运作，缩短了交货时间。

3. 信息传递方式发生变化

不同于传统采购中，企业和供应商都会封锁自己信息的情况，在供应链管理模式下，企业和供应商会共享市场及生产信息，这有利于企业增强对市场变化的反应能力。此外，信息的共享使企业能够及时更正订货计划，实现订货和需求的同步。

4. 采购成本得到降低

由于在供应链管理模式下，采购回来的物资会直接送往生产线，因此减少了采购部门对物资维护的费用，通常也减轻了采购人员的工作压力，简化了采购的活动过程。

5. 实现了作业管理模式的转变

订单驱动的采购模式简化了采购的具体流程。同时，由于采购部门的工作主要就是给企业和供应商之间提供桥梁作用，因此在供应链管理模式下，采购部门的作业模式也逐渐在向过程化转变。

（二）从采购管理转变为外部资源管理

随着准时化思想的出现和不断发展，传统的单纯以库存补给为驱动的采购管理模式需要得到改变，企业采购的柔性和对市场变化的反应能力也亟待加强，同时，企业还应该增强同合作伙伴之间的合作关系，建立新的合作模式。

在上述需求下，采购管理也进一步转变为了对外部资源的管理，企业想要实现有效的外部资源管理，就应该同供应商建立长期的合作互利关系，保证采购商品的质量的同时，积极参与到供应商对产品的种类设计和质量监控中去，建立全新的、多层次的供应商系统，在合作过程中通过对供应商企业各方面条件的了解不断减少合作的供应商数量，致力于和少量供应商建立长期的合作伙伴关系。

要实现高效的外部资源管理，企业应该从以下几个方面进行努力。

1. 同供应商建立合作关系

同供应商之间建立长期、稳定的合作伙伴关系，可以保证企业和供应商之间本着诚信的原则展开合作，这样做提高了双方互相的信任程度和解决突发问题的积极性。

2. 提供信息反馈、加强教育培训

给供应商提供及时的信息反馈有助于供应商及时对产品质量进行完善，从而促进产品质量的提高。同时，对供应商进行教育培训，有利于加强供应商相关工作人员对采购及供货等专业知识的掌握和了解，从而促进供应商提高对个性化产品和服务的认知以及生产能力，保证个性化产品和服务的质量。

3. 参与供应商的产品设计和质量控制

推动企业参与到供应商的产品设计与对产品进行质量控制的过程中去能有效促进供应链的同步化运营。通过让企业参与到供应商的产品设计和质量控制工作中去，可以有效提高产品的质量，在提高供应链的反应能力的同时，让市场需求信息更好地体现在供应商的业务活动中。

4. 协调供应商计划

在供应链的管理模式下，供应商很有可能同时参与到多条供应链的业务活动中，因此势必会出现多方制造商企业争夺供应商资源的情况。为了避免这种情况的发生给企业带来不必要的经济损失，企业应该主动参与到供应商计划的协调中去。在资源共享的前提下，保证供应商不会拖欠本企业订单的供应，保证供应链能够正常运行，从而维护企业自身的经济利益。

5. 建立新的供应商网络

建立全新的供应商网络，通过对供应商网络进行科学的管理，逐渐减少合作的供应商的数量，并与剩余供应商建立长期稳定的合作关系，从而使企业需要采购的物资在质量和数量上都得到一定的保证。

原则上来说，供应商的数量越小越好，这样不仅利于企业进行管理，

而且可以推动企业同供应商之间亲密的关系。但是由于在生产过程中，对不同原材料以及零部件需求的差异，企业需要根据自身的具体情况选择供应商并决定供应商的合理数量。

（三）从一般买卖关系转变为战略协作关系

在传统的采购活动中，物资的需求方企业同供应商之间是一种简单的买卖关系，而在供应链管理模式下，企业同供应商之间的关系已经转变为了一种战略协作的伙伴关系。

在企业同供应商之间的关系发生了转变的同时，下面这些问题也得到了不同程度的重视和解决。

1. 库存问题

在传统采购模式中，由于采购的驱动因素是库存的补给，并且供应链中的各级企业对信息并不采取共享的措施，因此使得企业需要花费大量人力和财力来维持和管理产品库存。而随着供应链的发展，供应链上各企业逐渐开始共享需求和生产信息，采购也开始以订单为驱动因素，这样就减少了一味补给库存造成库存压力过大的情况，企业也因此实现了库存管理费用以及采购成本的降低。

2. 风险问题

在传统的采购模式下，由于供需双方信息的封闭，经常会导致采购风险的出现。而在供应链管理模式下，由于供需双方形成了战略合作关系，因此通过对信息的共享和共同决策，降低了由于不可预测因素造成的需求突然变化而导致的采购风险的现象。

3. 采购成本问题

在供应链管理模式下，由于供需双方之间建立了一种战略合作的伙伴关系，因此双方在采购和供货的过程中都省去了很多不必要的环节和手续，这在很大程度上实现了供需双方的采购成本的降低。

4. 时间和组织障碍问题

由于信息的共享，供需双方在采购计划的制定过程中往往实行共同协商决策的方式，这在很大程度上减少了决策的时间，也避免了很多不必要的精力的浪费。

同时，通过战略合作关系，供需双方之间存在的组织障碍会得到解除，这为准时化采购的实现提供了条件。

第三节　供应链管理模式下的电子采购

随着全球化经济的不断发展，企业间的联系和交流越来越紧密和频繁，企业要接受的外部采购也随之不断增加，而采购全球化的趋势越来越明显，使得全球采购模式逐渐形成，这一系列变化都推动了采购行为的电子化，本节将从内涵、优点、模式等方面详细介绍供应链管理模式下的电子采购。

一、电子采购内涵

电子采购是指以互联网为载体，在网上进行的公司同公司之间的购买和销售的行为，也就是利用网络平台直接进行的采购活动。在电子采购模式下，公司同公司之间会在互联网上完成浏览、洽谈、签订合同、交货、付款等采购的一系列流程。

互联网技术的诞生和快速发展为电子采购奠定了扎实的基础，给电子采购的具体实施提供了充分的技术支持。毋庸置疑，无论是在全球还是在我国，电子采购模式都将成为采购活动的重要方式，得到继续完善和发展，并对整个供应链产生越来越重要的作用和影响。

电子采购建立在互联网技术的基础上，同时涉及多项其他科学技术，包括数据库技术、安全技术、密码技术等等。这些科学技术为电子采购提供了基本的技术支持。

（一）数据库技术

数据库的主要作用是对企业的各种数据进行存储和管理，因此在信息在采购活动中越来越占有重要地位的当今市场，其意义也变得更加重要。在企业的电子采购中，通常存在大量的数据，包括供应商数据、采购物资数据、内部物资数据等需要进行合理的管理和有效的组织，数据库技术就为这些数据的管理和组织提供了必要的技术条件。企业进行电子商务，会产生网络数据库，网络数据库的前端是 Web 浏览器，后台是数据库技术，因此给电子化的在线采购提供了具体操作的条件。

（二）EDI 技术

EDI 技术是指使具有一定结构特征的数据信息在计算机系统中进行自动交换和处理的技术。EDI 技术给企业间的商务谈判、合同传送以及订单的传送都提供了技术支持。

（三）金融电子化技术

在电子采购过程中，企业之间需要在网上完成货款的交付和结算，这就需要金融电子化技术提供技术保证。在全球供应链网络中，采购活动的交易双方可能位于相互距离非常远的两个地方，这时只能通过银行系统完成货款的交付和结算，而建立在网络技术上的银行系统会大大提高资金流通的效率，因此，网络银行系统也是电子采购过程中非常重要的必备技术之一。

（四）网络安全技术

企业在网上完成采购流程，就一定会在网络上留下合同、订单、商品价格等一系列信息，而这些信息应该是除了交易双方之外不能被第三方知道的。因此，网络安全就显得尤为重要。如今，一个完整的网络商务系统必须具备安全可靠的通信网络，以此来保证交易信息可以安全地进行传递，此外，安全的网络商务系统还应保证数据库服务器的绝对安全，避免由于数据库服务器存在漏洞而让黑客闯入盗取交易信息的情况。

二、电子采购的优势

电子商务采购模式从根本上改变了传统的商务活动方式。电子采购将采购流程自动化，通过网络运行，不仅提高了采购效率，而且大幅减少了采购活动中需要的人力、物力，也降低了采购成本。电子采购对于企业、供应商和宏观经济来说都有着同传统采购相比非常鲜明的优势。

（一）对企业和供应商而言

电子采购模式给企业带来的好处主要表现在以下几个方面。

1．选择最好的货物来源

利用互联网技术进行电子采购，由于互联网的公开性，企业可以随时浏览供应商及供应产品的信息，货比三家，选择最合适的货物来源。此外，企业还可以同供应商进行咨询和沟通，从而对供应商提供产品进行更深层了解，从而确定最终的合作供应商。这样做可以降低企业的采购支出，并缩短企业的采购周期。同时，经过比较，企业可以以最低的价格获得最满意的商品，也大幅减少了采购成本。

2. 有利于企业进行信誉评估

为了使电子采购更加具有说服力，应该在互联网上建立一套完善的商家信用评估体系。买家和卖家在交易完成之后可以在评估体系中对对方的具体表现进行评价和打分，以形成各企业的信用评估数据。商家评估数据的产生为之后需要的电子采购的企业选择供应商提供了参考依据。

3. 迅速有效地组织评估

通过互联网基础上的电子采购，供应商可以更方便地浏览企业信息，并在网络上发布招标信息，并且有助于供应商发现更多的潜在买家。这为供应商扩大销售范围、拓宽销售产品种类带来了便利。同时，采购企业可以对供应商进行更加迅速的网络评估，通过召集专家组成评估团，对供应商的各方面条件进行综合评估，确保了评估的公正性。

4. 随时了解市场信息和库存状况

在电子采购模式下，企业可以在网络上建立自己的库存信息数据库，这样可以通过互联网及时对库存状况进行了解，并随时进行管理。对库存状况的及时掌握可以避免企业出现盲目采购、重复采购等现象。

同时，通过互联网，企业可以及时了解到市场行情的最新动态，从而随时对企业的生产计划及采购计划进行调整，避免由于生产计划的错误估计导致的采购失误。

5. 缩短了生产周期

研究表明，很多产品的生产成本和生产周期的长短有着密不可分的关系。一个产品的生产成本不仅包括制造费用、零部件成本，还包括产品可能产生的折旧费用、管理费用等等。因此，在进行产品生产时，如果生产时间越短，那么后几项生产成本的值就会越小，总的生产成本就会越低。通过互联网技术平台的使用，企业将产品的设计、开发、审核等工作都在网络上同步完成，从而提高了时间利用率，进而提高了生产效率，缩短了生产周期，减少了生产成本。

6. 提高市场透明度

市场透明度主要包括产品透明度、供应商透明度以及价格透明度等三部分内容，这些内容直接影响着企业采购的有效性。因此，在互联网上进行采购活动，使商品和价格信息都对大众公开，这在很大程度上提高了市场的透明度。

市场透明度的提高有助于促进供货市场各供应商之间的良性竞争，从而使货物价格下降，采购方便可以更低的价格采购到商品。

（二）对宏观经济而言

而从宏观上来看，电子采购也具有很大的优势。

1．保证市场内部供需双方的有效衔接

除了能提高市场透明度，使产品价格降低并统一之外，电子采购还有利于促进产品市场内部供需双方之间的有效衔接。在传统采购模式中，通常供应商会采取打折或促销的方式进行多余库存的销售，但是往往效果不理想。但是在电子采购模式下，由于市场透明度的提高，供需双方可以在互联网上进行线上交易，这就将供需双方在互联网上衔接了起来，解决了供求不平衡的问题。

2．打破地理和语言障碍

在传统采购模式中，产品的交易双方在进行沟通交流时往往会受到地域和语言障碍的限制。而在电子采购模式下，由于供需双方的交易过程大多可以在网上进行，因此打破了地理的局限，潜在买家只需要在网上进行搜索和选择就能进行商品的采购。而发展越来越迅速的第三方电子商务采购平台也会给供需双方提供语言平台等服务，克服了采购的语言障碍。

3．有助于改善资源分配

采用电子采购模式有利于有限资源的更合理分配。传统采购模式中，由于缺乏信息，企业往往不能对市场需求进行科学的预测，这就会导致不必要的库存的风险存在。而在电子采购模式下，由于信息的畅通和共享，企业和供应商都可以及时对市场需求进行了解，并调整采购和供货计划，从而实现有限资源的合理分配。

三、电子采购的具体模式

在供应链管理模式下进行电子采购的具体模式主要分为一对多模式和多对多模式两种。

（一）一对多模式

1．买方模式

买方模式也成为集中采购系统，也就是一对多模式，即一个买家与多

个卖家之间的交易模式。买方模式由买方在网上发布需求信息，包括采购商品的名称、规格、数量、交货期要求等，供应商在采购方的网站上上传自己的产品信息。采购方在对上传信息的所有供应商及其产品进行评估后，确定最终合作的供应商。在买方模式下，采购方需要承担建立、维护和更新产品目录的工作。

2．卖方模式

卖方模式也就是多对一模式，即多个买家同一个卖家之间进行交易的模式。在卖方模式下，卖方在网络上公开发布产品的在线目录，包含产品种类、规格等内容，由采购方根据自己的需求进行选择，最终进行付款和等待交货。在卖方模式下，供应商需要花费大量精力来维护和及时更新产品的在线目录，以供采购方选择，而采购方只需要浏览网页就能得到自己需要的产品信息。

（二）多对多模式

多对多模式是指由除买卖双方之外的第三方提供，买卖双方直接参与的采购模式。在多对多模式下，第三方会将需要进行采购的需方和有产品提供的供方集中在一个交易模式下，帮助他们完成采购活动。

多对多模式又称为第三方系统，通常借助门户来完成采购任务。门户主要分为垂直门户和水平门户两种。垂直门户是指经营专门产品的市场；而水平门户是指集中了多种类别产品的市场。第三方系统包括以下几种不同的类型。

1．采购代理

采购代理是指由第三方代理公司为企业提供专门的采购代理，包括安全的网络采购场所、在线投标和实时拍卖等服务。

2．联盟采购

联盟采购是指几家经营产品不同的企业将在生产过程中共同需要的材料和商品进行统一采购，这样做增加了每笔订单的数量，降低了物流成本，也能享受一定程度上的商品价格优惠。

3．中介市场

中介市场是指由专业的网络公司组建的帮助多个企业和供应商之间进行在线交易的采购运行载体。

四、电子采购的实施

企业在进行电子采购时，主要经历以下几个步骤。

1. 提供培训

事先对使用电子采购系统完成采购的工作人员进行专业化培训对电子采购最后的成功起到关键作用。对进行电子采购的工作人员的培训，其具体内容不仅包括专业技能方面的培训，还包括对相关制度的改革给员工提供指导和支持。

2. 建立数据库

建立数据库就是在互联网上建立包括产品目录、供应商目录、供应商产品信息、可检索数据库及相关网站和搜索工具在内的一体化数据库，这样有利于企业在线对采购数据进行实时管理和更新。

3. 成立项目小组

成立专门的电子采购小组是进行电子采购的重要环节。项目小组要有高层管理人员担任领导职位，成员应该包含在电子采购中涉及的各个部门的相关人员，包括仓储部门、生产部门、计划部门、信息技术部门以及采购部门等。

4. 广泛调研

在进行正式采购之前，应该广泛听取意见，确保电子商务采购系统的完善。同时，要借鉴其他企业进行电子采购的实践经验和教训，在统一意见的基础上，制定相关的技术方案。

5. 建立内部管理信息系统

建立内部管理信息系统的目的是为了实现企业业务数据的计算机自动化管理。在企业的电子商务采购系统网站中，完善内部管理信息、设置电子商务采购功能板块，有助于随时保持采购过程同企业管理层、供应商以及企业相关部门之间的动态联系。

6. 网站发布

在经过上述过程之后，企业也做好了电子采购的前期准备工作，最后一步就是在网站上发布采购信息。企业首先在企业内部进行采购统计，并将统计信息在网上公布，采购信息包括采购方需要采购的产品的名称、种类、规格、数量以及交货时间等等。

第四节　供应链管理模式下的准时采购

准时化采购也称为JIT采购法，是一种先进的采购模式。准时化采购策略是供应链管理模式下采购管理研究的重要内容之一。准时化采购最早由日本丰田汽车公司首先创立，旨在对采购过程进行合理规划，从而降低采购成本，提高采购效率。本节将从基本思想、要素、特点及实施等方面对供应链管理模式下的准时采购进行详细的研究。

一、准时采购的基本思想和特点

（一）准时采购的基本思想

准时化采购策略的基本思想是：在恰当的时间和地点，提供给采购方恰当数量和质量的商品。准时化采购的内容主要包括供应商的支持与合作以及货物运输流程等。

（二）准时采购的特点

与传统的采购模式以补充库存为驱动不同，准时采购的驱动因素是订单。也就是说准时采购是严格按照订单进行生产资料的采购的。因此，同传统的采购模式不同，准时采购在以下几方面具有显著的特点。

1．供应商数量较少

在供应链管理模式下的准时化采购，通常只会选择一家或少量供应商进行采购活动的合作。这样做的目的，一方面是简化了企业对供应商的管理难度；另一方面也能有效促进企业同少数供应商之间形成长期、稳定的合作关系，从而保证企业长期、高质、稳定的货物来源。

2．对供应商要求较高

与传统的采购模式不同，企业同供应商之间往往存在一种合作伙伴关系，供应商能力的高低直接影响到企业采购业务的成败，因此，企业通常就会对供应商各方面条件和其经营能力更加重视，也就会在选择供应商时进行更加严格的评估和筛选。

3．严格要求供应商交货时间

对供应商交货时间进行严格要求是供应链管理模式下的准时采购非常

重要的一个特征，也是实现精细生产的重要前提。而供应商为了实现准时交货，主要在提高生产效率和加强运输管理量方面进行努力，因为生产条件和运输条件是决定货物交货时间的重要因素。

4．要求信息共享

在供应链管理模式下的准时采购对信息共享有很高的要求。准时采购的供需双方多是亲密的合作伙伴关系，这种关系要求供需双方之间就产品的质量、生产计划、销售计划、市场需求等信息保持信息的通畅和共享，以实现供需双方利益的双赢。

5．实行小批量采购

小批量采购也是准时采购模式的一个基本特征，但是小批量采购可能会导致运输次数的增加，从而造成运输成本的上升，因此为了控制运输成本，企业在进行采购时可以要求供应商进行混合运输或代理运输等方式，简化企业对运输的管理，降低运输费用，从而控制采购成本。

二、准时采购的四要素

在供应链管理模式下实行的准时采购，其目的就是为了保证供货的顺畅进行。为了达到这一目标，以下四大因素在准时采购中发挥着重要的作用。

（一）供应商

没有供应商，就没有货源，因此供应商很显然是采购过程中的重要因素之一。在传统采购模式下，通常都是一家企业同时与多家供应商进行合作，旨在避免某一个供应商出现突发状况。而在准时采购模式下，为了简化企业对供应商的管理，供应商数量大幅度下降。但是在选择供应商时，企业还是要注意一个问题，那就是尽量选择距离较近的供应商，这样能降低产品的运输成本。同时，企业在与供应商合作的过程中，要积极渗入供应商的内部管理，帮助其提高管理水平，从而帮助供应商建立在市场中的价格竞争优势，最终实现自身采购成本的降低。

（二）采购数量

采购数量也是准时采购的重要因素之一，采购数量的多少直接决定了运输的次数和运输的方式，进而决定了企业在采购过程中产生的运输成本及总成本。因此，企业应该合理安排单次运输数量，既不要产生不必要的过量库存，而要严格控制运输成本。

（三）供货质量

供货质量是影响准时采购的又一大因素，如果供应商提供的货物质量不过关，那么就会在很大程度上影响准时采购的最终成功。这是因为，在准时采购下，采购的驱动力是订单，也就是说，企业完全依据市场需求制定生产计划，从而确定采购计划，那么一旦供货出现了质量问题，没有多余的库存进行补给，就会大大延误企业生产计划甚至是营销计划的运行。为了保证供应商提供的货物的质量，企业可以参与到供应商的质量监管中去，帮助供应商提高产品质量，从而保证企业自身的采购计划乃至生产计划能够顺利运行。

（四）货物运输

上面对准时采购的特点的介绍中提到过，准时采购的一个重要前提就是供货准时。而供应商能否实现供货准时主要取决于其运输条件。运输条件不仅包括使用何种工具进行运输，还包括在运输过程中，货物会经历几次转运等。因此，对运输问题进行严格监管，积极提高运输条件，是供应商和企业都必须进行的操作。

三、准时采购的实施

（一）准时采购的实施条件

在具体操作过程中，准时化采购的实施条件主要包括以下三点。

（1）选择最佳供应商并且在采购过程中随时对供应商进行有效管理。

（2）加强客户和供应商之间的合作关系。

（3）对采购过程中产品的质量进行严格把关。

（二）准时采购的实施过程

在准时采购的具体实践中，企业基本上要经历以下步骤来完成一次完整的准时采购。

1. 成立专门小组

进行准时采购的第一个环节就是成立一个负责准时采购的专门小组。小组内成员应该包括涉及采购流程的各个部门的员工。专门小组的主要任务是寻找货源、商定价格以及发展和维持企业同供应商之间的关系。专门小组应该分为两部分，一部分专门负责采购活动的内部协调，而另一部分则负责与供应商进行接洽。

2. 制定采购计划

在对当前的采购方式、供应商数量、供应商评估等内容进行确定之后，就要制定具体的采购计划，在制定计划的过程中，企业要注重同供应商进行及时沟通，共同确定准时采购的目标和相关策略。

3. 选择供应商

在确定所需采购物品之后，就要对供应商进行选择，企业在选择供应商时应考虑这几个方面：产品质量、供货状况、应变能力、距离远近、技术能力、财务状况、产品价格等等。最终企业应当在所有供应商选择少数几个供应商进行合作，并积极争取与供应商建立合作伙伴关系。

4. 进行试点工作

在经过上述步骤之后，企业可以对某种产品在某条生产线上进行采购前的试点工作。在试点过程中，企业要争取获得各个部门的支持和配合。通过试点，企业可以发现采购计划本身存在的不足，在正式采购活动运行之前进行及时的调整。

5. 提供培训，确定共同目标

准时采购需要供需双方建立共同的目标并一起努力才能取得良好的成果。因此，针对供应商企业中负责采购活动的相关人员，企业应当给其提供专业化的技能培训，使供应商团队的工作人员也能掌握准时采购的相关知识，有助于采购活动的顺利开展。同时，企业要注意同供应商建立稳定的合作关系，确立同样的目标，才能更好地促进采购活动中双方工作的相互协调。

6. 颁发质量免检证书

给供应商颁发产品免检证书是实施准时化采购的重要步骤。在颁发免检证书之前，要对供应商提供的产品进行严格的检验和审查，确保产品是100%合格的时候，才能给供应商颁发免检证书。当然，企业颁发给供应商的免检证书必须是最新的、正确的以及完整的产品质量文件，文件应该包含设计蓝图、规格、检验程序及其他重要内容。经长期检验合格后，所有采购货物就可以直接从卸货点运往生产线，省去了检验入库的步骤。

7. 实现配合准时化生产的交货方式

准时采购是为了实现企业的准时生产，因此，采购货物的运输也要配合企业的准时生产进行。

8. 不断完善和改进

准时采购是一个在发展过程中不断总结、改进和完善的过程。企业和供应商为了达到更好的采购效果，应该从降低运输成本、提高运货准确性、提高产品质量等方面进行努力。

第七章　供应链下的物流管理研究

在整个供应链系统中，物流管理是必不可少的一部分。可以说，物流系统是整个供应链顺利运行的基础，没有完善的物流管理，就不会有顺利的采购、生产和营销。供应链下的物流管理是指利用供应链思想对供应链物流活动的组织、计划、协调和控制进行实施和监管。在供应链管理模式下对物流进行管理的重点是物流不再是一个独立的个体，而是应该通过协作和协调，建立起供应链上多企业之间的合作关系，从而达到让整条供应链上的企业共同受益的目的。本章将通过对物流网络以及供应链管理的概述，探究在供应链下的物流系统决策、物流组织及管理以及第三方物流及供应链管理。

第一节　物流网络与供应链管理研究

供应链主要由物流、信息流以及资金流三部分共同组成，因此物流网络也就自然成了供应链管理中非常重要的组成部分。通常来说，供应链管理包括物流管理和制造管理，而物流管理则涉及企业的非制造领域的内容。本节将对物流网络的特征、物流网络与供应链管理的区别以及两者的结合进行分析和研究。

一、物流网络与供应链管理

（一）物流网络与供应链管理的区别

物流网络属于供应链管理，是其中非常重要的一部分，但是物流网络不能完全代表供应链管理，两者之间还是存在一定区别的，具体如下。

1．管理内容不同

供应链管理涉及产品从原材料采购到最后销售出去的全过程，而物流涉及的只有原材料和零部件在生产过程中各个环节之间以及各企业之间的流动，不涉及产品的制造过程。

2. 涉及价值不同

物流网络管理同供应链管理在产品的价值产生和增加的过程中扮演着不同的角色。其中，供应链管理涉及产品从原材料制造到产成整个过程的增值过程；而物流网络只涉及企业之间的价值流过程。

（二）物流网络在供应链管理中的作用

在传统的生产和采购模式下，物流对企业的生产起到的是一种支持作用，而随着现代企业生产方式的改变和生产理念、采购模式的改革，物流在企业运营的整个过程中的作用和地位也越来越突显。物流网络必须具有与制造系统相当的能力，才能和制造系统相辅相成，共同发展，从而推动整条供应链的顺利运行。物流网络在当今的供应链管理中的主要作用主要表现在以下几方面。

（1）创造用户价值，降低用户成本。

（2）协调制造流程，提高企业反应速度。

（3）提供用户服务，建立企业形象。

（4）及时反馈信息，缓解供需矛盾。

二、供应链环境下物流网络的特征

在供应链管理模式下，物流网络的环境发生了变化，也在新的管理模式下显现出新的特点。

（一）供应链下的物流网络环境

供应链的管理思想产生于新的企业竞争变化中，是一种有竞争环境的改变而推动的企业管理模式的创新。从 20 世纪 70 年代到 21 世纪初，企业之间的竞争从成本到质量再到交货时间，最后变成了反应速度的较量。各企业想要通过单一的企业管理模式在越发激烈的竞争中占有一席之地已经越来越难，而是需要通过不断提高自身的反应能力，随时应对市场和用户可能出现的变化，才能在激烈的竞争中站稳脚跟。供应链管理模式就在这种大环境下应运而生。而在这种供应链的管理模式下，企业需要对整条供应链上的所有环节进行协调和控制，从而从传统的资源约束中解放出来，去开发新的竞争优势。在这种管理模式下，物流网络在整条供应链的运行中开始扮演越来越重要的角色，起到越来越重要的作用。而，总结来说，供应链环境下物流网络环境的变化详见下表 7-1。

表 7-1 供应链管理环境下的物流环境特点

竞争需求	竞争特性	物流策略要素
对顾客化产品的开发、制造和交货速度	敏捷性	通过畅通的运输通道快速完成交货
资源动态重组能力	合作性	通过互联网技术获得信息共享和知识支持
物流系统对变化的实时反应能力	柔性	多种形式的运输网络和多点信息获取途径
用户服务能力的要求	满意度	多样化产品、亲和服务、可靠质量

（二）供应链下物流管理的新特点

由于企业管理模式的改变，新的物流思想和传统的物流管理之间产生了越来越多的差异。

1. 传统的物流管理

首先，对传统的物流管理情况进行分析。在传统的物流系统中，需求信息和反馈信息都是逐级进行传递的，由于信息在传递过程中需要经过太多的环节，导致上级供应商无法及时得到市场的需求信息，从而导致供应商对市场需求的反应速度很慢。

同时，传统的物流管理并没有将整条供应链看作一个有机统一的整体，而是采取分开管理的方式，这就导致了部分产品库存过量而部分产品需求无法得到满足的情况，这在很大程度上影响了企业的生产环节，造成了企业经济效益的损失。

简单来说，传统的物流管理的特点主要可以表现在以下方面。

（1）传统物流系统是一个纵向一体化的系统。

（2）传统的物流系统缺乏合作，形成的供需关系不稳定。

（3）资源利用率低，企业的有限资源并没有得到合理、科学的使用。

（4）信息利用率低，市场需求信息不能得到充分、及时的共享。

2. 供应链管理环境下的物流管理

下图 7-1 是供应链管理模式下的物流管理。

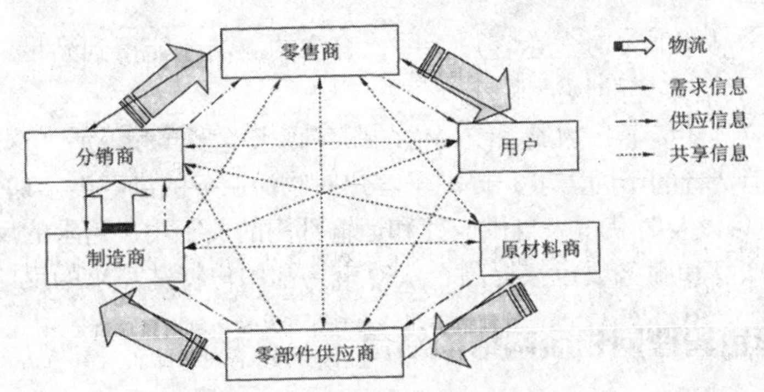

图 7-2　供应链的物流与信息流

从上图中可以看出，与传统的物流管理模式相比，在供应链下的物流管理中信息流的比重得到了大幅增加。需求信息和反馈信息的传递也不再是逐级传递了。在这个物流管理系统中，需求信息、供应信息和共享信息由于充分运行都得到了合理的利用。具体来说，在供应链管理模式下的物流管理的特点主要表现在以下几个方面。

（1）共享信息的增加。

共享信息的增加对于供应链管理来说十分重要。信息的共享使得整条供应链上的所有企业都能及时获得关于市场需求及用户反馈等信息，并且所有企业都能随时掌握供应链的运行状况。供应链上每个环节的信息的共享和交流使得需求信息不会再出现失真的现象。

（2）规划物流网络能力的增强。

规划物流网络能力的增强也是供应链管理模式下物流特征的一大体现。在供应链环境下对物流网络进行规划，要充分利用起第三方物流系统以及代理运输等方式来缓解库存的压力、提高库存安全水平、减少物流成本。

（3）作业流程的快速重组。

作业流程的重组是指在物流网络管理中消除对增加产品价值没有作用的环节和时间，从而进一步降低物流成本，给供应链反应速度的提高和精细化的运作提供保障。

（4）跟踪信息能力的加强。

跟踪信息能力的加强，能在很大程度上提高供应链物流系统的透明度，同时也给企业对物流过程进行实时监控提供了条件。

（5）合作性与协调性。

合作性与协调性是供应链下物流管理的一大重要特征。物流系统的无缝连接是协调性和合作性发挥作用的重要前提，因为只有实现无缝连接，供应商的产品才能及时送达客户手中，客户的需求才能得到满足。

（6）灵活多样的物流服务。

在供应链环境下，物流系统提供的服务越来越多样和灵活，这个特征满足了不同消费者的不同需求，提高了客户对物流服务的满意度。通过信息的共享,企业可以及时获得来自供应商和运输部门的关于用户需求的反馈信息，从而调整产品和服务项目，提高企业对市场和用户特殊需求的反应能力。

三、供应链管理同物流网络的结合

与传统的物流管理在意义和方法上存在巨大差异，供应链模式下的物流管理为了适应企业经营思想的转变，将新的经营思想付诸实践，在实现供应链上各企业之间的同步化运行的同时，提高快速响应市场的能力，企业应从以下几个方面进行努力。

（1）实现快速准时交货；

（2）实现低成本准时的物资采购；

（3）实现物流信息的准确传达、信息反馈和共享；

（4）实现供需协调；

（5）实现物流系统的灵活性与敏捷性。

具体来说，供应链下的管理和物流网络之间的整合主要表现在以下几个方面。

（一）与供应商合作

企业同供应商之间拓宽合作范围，提高合作效率，有助于市场和用户信息的传达和共享，从而在整条供应链上形成一个完整的管理模式，加强整条供应链上所有企业的联系，从而实现供应链管理的基本出发点——共同规划，并给企业提高自身竞争实力提供基础。

（二）内、外物流结合

在供应链管理模式下，对物流实行内外物流并行的管理方式就是将物流活动看作是一个由原材料采购、生产、分配、销售、产品到达用户多个环节环环相扣的有机整体。这种管理方式主要通过对供应商和用户进行整体的供应运作，来实现信息流和物流的最优化。

（三）物流供应链中的库存管理

在供应链模式下对库存进行管理与传统的物流管理不同，传统的物流管理中将库存作为维持生产和销售的基本措施，而在供应链模式下，则是将库存管理作为一种调节供应链平衡的机制。采用的具体方法是通过信息共享和反馈，对供应链上相对薄弱的环节进行消除，从而提高整个供应链的工作效益，实现总体平衡。

第二节　物流系统选择决策

系统是指为了达到某种目的，若干构成要素相互结合形成的有机的复合体，物流的目的就是以最低的成本给客户提供最满意的商品和服务。因此物流系统的目的就是以最少的费用，提供最好的物流服务。企业在进行物流系统的选择时，应该以自身的条件为基础，参考多方面因素，慎重选择物流系统模式，以实现企业市场竞争力的提高。本节将通过对物流系统基本知识的梳理，重点介绍影响企业选择物流系统模式的因素。

一、物流系统的基本知识

（一）物流系统的目的

物流系统的目的总结来说主要包括以下几方面。

（1）按照交货时间规定按时将客户所需商品或服务送达客户手中。

（2）尽量避免出现用户所需商品的订货断档问题。

（3）建立物流中心，提高运输效率，维持适当的商品库存量。

（4）实现物流系统中运输、仓储、搬运、包装等作业流程效率的提高，实现作业流程省力化。

（5）保证订货、出货、配送信息得到及时反馈和传递。

（6）尽可能降低物流成本。

（二）物流系统的组成

物流系统由两个部分组成，一是物流作业系统，二是物流信息系统。

1．物流作业系统

物流作业系统是指在物流流程中所有的作业流程，包括运输、保管、搬运、包装、流通加工等。物流作业系统的改善就是要借助先进技能的帮助，尽可能提高这些作业流程的工作效率，实现生产据点、物流据点、运输路线、配送路线以及运输手段等的网络化。

2. 物流信息系统

物流信息系统包括物流过程中所有流程需要的信息，从订货需求、进货信息到库存和出货信息等等。优化物流信息系统就是在保证订货、进货、库存、出货等流程的信息通常的基础上，实现通讯据点、通信线路、通信手段等的网络化，从而为提高物流效率提供支持。

二、影响物流系统选择的因素

下面就介绍几个对物流系统的决策起到关键作用的因素。

（一）物流同企业之间的相互影响

物流和企业之间的相互影响表现在企业对物流的管理以及物流对企业的成功起到的作用，这两者都是影响企业选择物流模式的重要因素。下图7-4 显示了两者之间的关系对决策的影响。

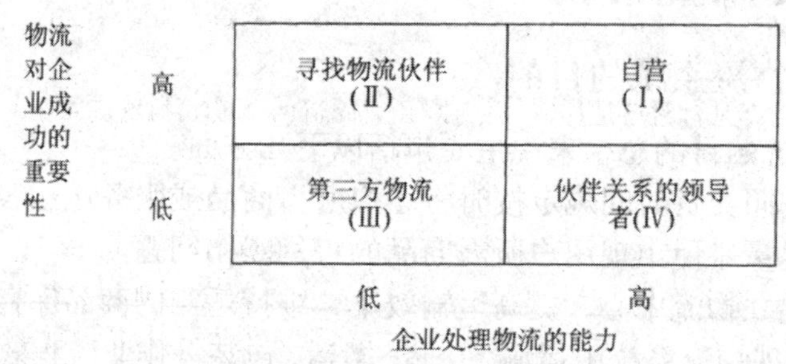

图 7-4　决策状态

1. Ⅰ类企业

对于Ⅰ类企业来说，它们的物流管理在企业经营战略中占有重要地位，且本身拥有较强的物流管理能力，那么他们就可以选择自营的物流模式。

2. Ⅱ类企业

从上图中可以看出，在第Ⅱ类企业中，物流在企业经营战略中占据主要地位，但是自身却没有很高的物流水平，因此，他们需要进行物流联盟的组建，通过组建物流联盟，这些企业可以在物流设施、运输能力等方面得到很大的提升。

3. Ⅲ类企业

对于Ⅲ类企业来说，它们的物流管理在企业整体运营战略中的分量不高，且自身也不具备充分的物流水平，可以选择采用第三方物流的方式来降低企业的物流成本，同时提高物流的服务水平。

4. Ⅳ类企业

而对于第Ⅳ类企业来说，它们的物流管理在企业的整体经营战略中并不占有重要作用，但是物流水平却很高，它们就可以选择合作伙伴共享它们的物流水平，通过增加运输量来获得规模效益。

（二）企业对物流控制力的要求及产品自身的物流特点

1. 企业对物流控制力的要求

一般情况下，企业根据自身所处行业的不同，对物流的控制力也会表现出不同的要求。通常竞争激烈的行业中，企业对物流的控制力要求都会较高，在这种情况下，企业通常会采用自营物流的模式，来加强对渠道或供应链过程的控制。

2. 企业产品自身的物流特点

企业生产或最终制造的产品的自身特点也对企业选择物流模式产生着重要影响。一般情况下，根据产品特点的不同，企业选择的物流模式可以存在以下几种。

（1）大宗工业品原料的回运过程以及鲜活产品的分销过程尽量选择固定的专业物流公司进行短渠道运输。

（2）远距离的全球市场范围内的分销则适宜选择地区性的专业物流公司运营产品的运输。

（3）产品线较为单一的产品适宜在龙头公司的统一调度下采用自营物流的模式。

（4）技术性较强的产品的物流运输则适合采用委托代理的方式。

（5）对于非标准设备的制造商企业来说，适宜选择专业的物流公司进行产品的运输和分销。

（三）企业的规模和实力

企业自身的规模和实力也是影响企业选择物流系统的重要因素。通常情况下，大中型企业由于实力较雄厚，有资本建立自己的物流系统，因此通常会选择自营的物流方式。而对于一些规模较小的企业，它们的公司规模小、业务范围窄且人力成本有限，不能花费足够的精力在物流的管理上，因此通常会选择将物流管理交给第三方主页物流公司进行代理。

（四）物流系统的总成本

物流系统总成本的计算公式具体如下：

$$D = T + S + L + F_W + V_W + P + C$$

在上式中，D 表示物流系统的总成本，T、S、L、F_W、V_W、P 以及 C 分别代表的是物流系统中的总运输成本、库存维持费用、批量成本、固定仓储费用、变动仓储费用、订单处理和信息费用以及顾客服务费用。

这些成本之间存在着“二律背反”的现象，也就是说，减少仓库货物数量时，会带来保管费用的降低，但同时会由于运输距离和运输次数的增加而使得运输成本上升。因此，在选择物流系统时，一定要对所有的成本因素进行综合考量，不要因小失大。

三、一体化系统

在 20 世纪末，一体化的物流系统成为最具影响力的物流趋势之一。一体化物流系统是指不同的企业或职能部门之间为了达到降低物流成本、提高物流效率的目的而进行物流上的合作。

一体化的物流系统主要包括三种形式：垂直一体化物流系统、水平一体化物流系统以及物流网络。其中应用最为广泛的是垂直一体化物流系统。

（一）垂直一体化物流系统

垂直一体化物流系统对企业的要求是：将提供产品或运输服务等的供应商和用户都纳入到企业的管理范围中来，并将物流管理作为企业管理的一项重要内容。在垂直一体化物流系统中，企业应该对产品或服务从原材料的采购到产成品送达用户手中的所有环节进行管理。企业要通过与供应商和用户的合作关系，尽力与他们形成联合力量，从而提高企业的竞争实力。

（二）水平一体化物流系统

水平一体化系统是指处以同一行业中的多个企业通过在物流方面的合作来实现规模经济，从而提高物流效率的物流系统。当然，由于在产品的联合采购货运输的过程中，由于各个企业对产品需求的时间和区域存在差异，因此，为了促进物流合作的顺利进行，物流过程中各个环节的及时信息是重要的基础和依据。因此，企业之间可以通过建立信息中心，来保证信息的及时共享和畅通传达。同时，大量的企业参与和大量的商品存在也是水平一体化物流系统可以顺利运行的重要条件。

（三）物流网络

物流网络是垂直一体化物流系统和水平一体化物流系统相结合的产物。当某个一体化物流系统中的每一个环节同时又是其他一体化物流系统中的重要内容时，就构成了物流网络。物流网络是一个开放的系统，企业可以随时选择加入或退出。物流网络经常运用于业务繁忙的季节。

第三节 供应链中的物流组织与管理

供应链中的物流组织包括流入物流、内部物流、流出物流以及逆向物流四大类，在供应链管理模式中，这四大类在物流管理中占据非常重要的地位。本节就将通过对这四类物流类型的介绍，进一步研究管理这些物流的方式以及过程。

一、流入物流

流入物流就是企业的供应物流。

（一）流入物流的概念

流入物流就是指在企业的经营过程中，为了保证生产的准时进行和精细运作，而进行的对生产原材料、零部件、辅助材料等物品的及时补充。流入物流对于企业的正常生产和高效运行发挥着重要作用。传统的物流组织模式以运输能力和成本为核心，而在供应链下的物流组织则是以成本为驱动。流入物流的组织设计要以整个流入物流网络的能力和成本为重点考虑对象，以降低交货成本为主要目标。

我们通常所说的流入物流就是指企业的供应物流。供应物流的目标就是通过尽可能低的价格获得质量稳定的原材料和零部件。这在很大程度上加大了企业对供应物流管理的难度，为了达到上述目标，企业必须在供应物流的网络、方式以及零库存等方面进行完善和努力。

合理科学的流入物流组织可以有效地实现降低运输成本和库存水平的目标，从而减少企业的人力和物流设备的投入，缓解物流压力。

（二）流入物流的采购管理改善

采购管理的改善是流入物流组织管理中的重要内容。以下几个现象充分反映出企业加大改善采购管理的力度的重要性。

1．采购计划的编制和修改

采购计划员在企业中的主要任务就是根据企业的生产计划进行采购计划的编制。但是采购计划员编制完成的采购计划并不会用来直接进行采购，而是会经过有经验的高层领导的修改和审核。也就是说，对采购计划的编制，还是需要进行层层慎重审核，采购计划对于企业的最终采购和生产都起到了重要的作用。由此可见，采购计划的重要程度。

2．计划外采购的出现

企业中经常出现的计划外采购在实际中都需要领导进行特批才能进行采购，但是有些情况下，经过领导特批采购回来的产品或原材料却迟迟无法参与生产。也就是说，在对计划外采购进行审核时，也应该严格参考生产计划。

3．采购成本的控制

企业之间的竞争归根到底就是产品成本的竞争，但是在当今生产设备自动化水平越来越高的环境下，产品生产成本的可调节幅度已经越来越小，那么要想降低企业的整体成本，就只能从采购成本的控制入手。

上述这些现象的出现，归结原因，都是由于信息的不通畅和信息得不到共享造成的。由于信息不能及时传递给企业，采购计划才会经过一次又一次的修改；由于市场信息无法及时反馈给企业，才会出现因计划不当而造成采购物品的库存过量的现象。因此，为了避免上述现象再次发生，企业应加强对采购信息的收集力度，对生产计划提出的需求计划、库存量不足造成的库存补给计划以及其他采购需求进行严格监管，保证采购商品都是有效的流入物流。

（三）供应物流的过程

供应物流的过程会因为企业的不同类别、不同供应环节以及处于供应链的不同而存在差异，但是其基本模式大致相同。总体来说，供应物流要经历以下几个流程。

1．取得资源

取得资源是供应物流的第一个步骤，也是之后所有环节的重要前提。需要获得的资源种类、数量、规格等取决于企业的核心生产计划，同时在进行资源的采购时要充分考虑相应的技术条件和成本条件。

2．组织到厂物流

组织到厂物流就是将在经过多次装卸、搬运以及多种运输方式的货物送达企业门口的过程。而在到厂之前，货物经历的一系列的运输过程都属于企业外部的物流过程。

3．组织厂内物流

与到厂物流相对的是厂内物流，上面一个步骤中“到达企业门口”其中的“门”是企业内外物流的分界点，厂内物流就是指从这个“门”开始继续物流活动，使货物最终到达生产车间的物流过程。

（四）供应物流的模式

企业供应物流的模式主要包括三种，分别是委托社会销售企业进行供应物流的代理、委托第三方物流企业进行供应物流的代理以及企业自己进行供应物流的运营。这三种模式都可以划分为不同的层次，其中主要的供应的主要方式包括供应链方式、准时供应方式、零库存方式等等。

二、内部物流

对内部物流的组织一般情况下就是指企业的生产物流的组织。

（一）内部物流的概念

内部物流一般就是指企业的生产物流，企业的生产物流是指企业在进行工艺生产中存在的物流活动，涉及企业的生产运作管理，包括原材料和零部件从生产到半成品再到最后产成品的全部流动过程。内部物流的流动过程实际上已经成为企业生产工艺的一个组成部分。

（二）内部物流的库存管理改善

相对于流入物流中的采购管理改善，在内部物流中则是对库存管理进行改善，下面一些实例体现了在内部物流的运行过程中，还是有一些隐患存在。

1．原材料的库存时间

在一个产品的生产过程中，会涉及多种多材料和零部件，那么这当中就存在一个问题，那就是这些原材料储存在仓库中多长时间是最为合适的，既不耽误产品的生产，又不会给库存成本带来负担。

2．库存货物质量管理

在很多企业普遍存在这样一个问题，就是对库存商品的质量不进行及时、经常性的检查，这就会导致一些容易发生质量变化的商品在仓库中明明已经发生质变，但是还没有得到处理的情况，并且在企业的产品目录上，变质的产品也不会及时被去除。

3．对库存报表的忽视

很多企业往往忽略了对库存报表进行及时的更新和整理，这就会导致领导检查商品时不参照库存报表，库存报表的数据和实际数据存在差异等等现象的发生。久而久之，库存报表就很有可能形同虚设。

以上这些现象都体现了在内部物流的运行过程中，如果不重视对库存的管理，那么很有可能给企业带来更多的工作量，增加企业员工及领导的压力，同时造成不必要的经济损失。

因此，应该加强对物料的配套管理，这应该是企业管理中非常重要的组成部分。只有物流管理得到了重视和充分保证，才可以实现企业的按需采购、按需储存和按需发货。

改善库存管理，要从两方面进行努力，首先是改善企业的硬环境，其次还要提高企业的软管理水平。硬环境主要是指对仓库的厂房建设、通风状况进行改善；软管理是指借助科学技术，及时发现管理中存在的问题并加以改正。

（三）生产物流的过程

内部物流，也就是企业的生产物流的过程大致可以分为四个环节。

（1）原材料、零部件、燃料等辅助材料进行企业的仓库的“门”。

（2）辅助材料正式投入生产并随着生产过程在各个环节中流动。

（3）辅助材料在生产过程中，本身被加工，并且产生一些不会在最终产成品中出现的余料和废料。

（4）生产加工完结，原材料等辅助材料最终被加工为产成品并运至成品仓库。

三、流出物流

供应链下的物流组织中的第三类是流出物流，也就是企业的销售物流。

（一）流出物流的概念

流出物流就是企业的销售物流，是指企业将生产完成的产品的所有权经过销售转给批发商、零售商或用户的流动过程。流出物流是企业经营效益的重要保证。在现代市场完全是买方市场的环境中，企业的流出物流往往带有很强的服务性，这在很大程度上扩展了企业的销售范围，也同样给企业的流出物流管理增加了难度。

在买方市场的背景下，企业的流出物流就是通过包装、送货、配送等一系列的物流操作实现销售，这就给企业提出了加强运输管理的要求，包括送货方式的选择、运输路线的确定以及包装水平的改善。

（二）流出物流的销售管理改善

企业的流出物流组织要从改善销售管理开始，在现实生活中，很多实例体现了销售管理对于流出物流组织的重要性。

1．销售收入的管理

在现实生活中，经常会发生这样的状况，那就是企业的销售部门提供的销售收入和财务部门汇总的应收款之间存在很大的不同，当企业领导面对来自销售部门的销售报表和来自财务部门的财务报表的时候，也很难选择到底应该相信谁。

2．对特价申请的批复

在很多时候，企业领导者实际上在面对员工提出的特价申请时，根本无法做出选择，到底应不应该进行批准，这是由于领导者手中没有相关的有效数据。

3．对销售和库存的协调

对销售和库存的协调永远是很多企业要面对的重要问题。很多企业往往在销售方面成绩斐然，经常出现供不应求的状况，但是由于不合理的库存分配，使得库存资金大幅增加，企业只能采用贷款的方式进行生产。

从上述案例中可以看出，销售使企业获得经济利润的直接来源，同样也是最容易出现问题的环节。要改善销售管理，可以从管理工具和管理基础两个方面寻求解决办法。

上述案例中的第一个例子存在与很多企业中，针对这个问题，企业就可以通过利用管理工具来解决，通过建立互联网数据，让销售部门和财务部门在网络中使用同一套数据，不仅能促进两个部门之间的沟通和资源、信息的共享，而且有助于企业加强对内部各部门的统一管理。

销售过程中另一个较为普遍的问题就是客户的信誉问题，企业要加强对客户信誉的管理，可以通过提高基础数据的方式来实现。企业可以通过外部调查以及内部积累不断完善客户的信息，从而建立对客户的全方位认识。

（三）流出物流的过程

流出物流，也就是企业的销售物流在组织过程中往往要经历以下两个过程。

（1）从生产企业的成品仓库出发，经过分销物流，到达分销商手中。

（2）在经过配送等流程实现市内和区域范围内的物流活动，到达企业的用户或最终消费者手中。

（四）销售物流的模式

销售物流的组织模式主要包括三种，即有生产企业自主完成销售物流的组织、产品生产企业委托第三方进行销售物流组织的代理以及有购买方自行上门取货。

四、逆向物流

逆向物流就是通常所说的企业的回收物流。

（一）逆向物流的概念

逆向物流就是一种同传统的供应链完全相反，对原材料、产成品等从消费地开始直到回到企业仓库的全程进行计划、管理和控制的过程。

逆向物流的目的是通过对退货产品进行回收和管理，降低企业损失，实现成本下降，提高客户满意度。几年来，逆向物流开始受到业界的普遍关注，在企业已经将可以降低成本的领域都开发完了之后，逆向物流的组织为企业降低产品成本又提供了新机会。

（二）逆向物流的分类和特点

1. 逆向物流的分类

按照形成原因、途径和处置方式的不同，逆向物流主要被分为六大类，分别是：投诉退货、终端使用退回、商业退回、维修退回、生产报废以及副品与包装。

2. 逆向物流的特点

下表 7-2 是针对上述分类的逆向物流的特点。逆向物流是企业价值链中非常特殊的一个环节，因此它在很多方面都与传统的物流存在明显的区别。根据上述对逆向物流的分类，可以总结出不同种类的逆向物流的特征。

表 7-2　逆向物流的类别和特点

类别	周期	驱动因素	处理方式	例证
投诉退货 运输短少、偷盗、质量问题 重复运输等	短期	市场营销 客户满意服务	确认检查，退换货补货	电子消费品如手机、DVD 机、录音笔等
终端退回 完全使用后需处理	长期	经济 市场营销	再生产 再循环	电子设备的再生产、地毯循环、轮胎修复
		法规条例	再循环	白色和黑色家用电器
		资产恢复	再生产 再循环 处理	电脑元件及打印硒鼓
商业退回 未使用商品退回还款	短期到中期	市场营销	再使用 再生产 再循环 处理	零售商积压库存，时装，化妆品
维修退回 缺陷或损坏产品	中期	市场营销 法规条例	维修处理	有缺陷的家用电器、零部件、手机
生产报废和副品 生产过程中的废品和副品	较短期	经济 法规条例	再循环 再生产	药品行业、钢铁业
包装 包装材料和产品载体	短期	经济	再使用	托盘、条板箱、器皿
		法规条例	再循环	包装袋

第四节 第三方物流与供应链管理

第三方物流系统是一种协调企业之间的物流运输并为企业提供后勤服务的方法和策略。第三方物流系统可以有效实现物流供应链的集成。供应链上的企业通过将物流业务外包给第三方物流专业公司代理，从而实现物流效率和物流服务水平的提高，最终促进整条供应链的效率提高。本节将重点介绍第三方物流系统的应用以及在供应链中运用第三方物流系统的优势和流程。

一、第三方物流系统的发展和运用

第三方物流最早兴起于 20 世纪 90 年代，企业开始将自身无法完成或完成相对困难的物流业务外包给专业的第三方物流企业代理，久而久之，形成了规模较大的第三方物流系统。

中国报告网发布的《中国第三方物流行业市场分析及市场商机分析报告（2014-2018）》中提到，我国第三方物流企业规模较小、数量多，目前国内注册的物流企业多达 73 万多家。2010 年度，我国前 50 强物流企业主营业务收入共计 5，927 亿元，而我国社会物流总费用 7.10 万亿元，前 50 强企业占比仅为 8.35%；2011 年度，我国前 50 强物流企业主营业务收入共计 7 274 亿元，而我国社会物流总费用 8.40 万亿元，前 50 强企业占比仅为 8.66%，行业集中度不高。与此同时，我国第三方物流企业提供增值服务的能力有限。相关研究表明，我国第三方物流供应商的收益 85%来自仓储、运输等基础性服务，而物流金融、物流信息服务等增值服务的收益只占 15%。

我国的物流外包增长呈现迅猛的趋势，下表 7-3 为三大类企业的物流外包业务占总物流业务的比例。

表 7-3 物流外包的增长趋势

企业类型	全部或部分外包占总物流业务比例
生产企业	73%
制造企业	57%
商贸企业	38%

物流外包已经在全世界范围成为一种非常重要的商业行为。企业将物流外包业务作为一种提高自身竞争优势的战略。企业通过将自己的非核心

业务外包给第三方专业物流企业的行为，来集中精力发展自己的核心业务，从而实现企业竞争优势的提升。

二、供应链中企业运用第三方物流的优势

企业选择将一部分的物流业务外包给第三方专业的物流公司进行代理往往出于不同的原因。下表7-4就是企业选择外包的原因。

表7-4 企业选择外包的原因

战术外包	战略外包
减少成本	增强核心能力
释放现金，获得新服务	利用高水平能力增加再造收益
将固定成本变为变动成本	减少管理风险，改变资源用途
增加功能，解决问题	获取技能，获得灵活性

总结来说，在供应链中的企业选择第三方物流可能会带来以下几方面的好处。

（一）企业获得更加专业化的服务。降低运营成本

第三方物流公司将多个企业的需求进行集成运输。在供应管理模式下，由于各企业都采取多批次、小批量的采购和运输方式，因此会造成运输频次的增加，从而提高运输成本，第三方物流将多个企业的商品和服务集成到一起，采用混装运输的方式，提高每频次的运输数量，从而降低运输成本。企业在将物流业务外包给第三方物流获得更专业化的服务之外，也降低了企业的运营成本。

（二）解决企业资源有限的问题，专注核心业务发展

企业的主要资源包括资金、技术、人才、生产设备、销售网络以及配套设施等等。这些因素都是制约企业发展的重要指标。因此，企业想要更好地提升自身竞争力，就应该把这些有限的资源集中运用在核心业务的开发上，如果企业在开发核心业务的同时，还要兼管物流服务的开发，就会造成资源的供不应求的状况。将物流外包给第三方专业公司能有效缓解这一问题，企业可以集中资源在核心能力的提高上，从而保证自身能持续地发展下去。

（三）提高企业的运作柔性和形象

提高企业的柔性也是企业选择第三方物流系统的重要原因之一。企业

通过将物流外包给第三方专业公司来实现企业组织结构的精简，从而减轻由于企业组织规模过大导致的组织反应迟钝、缺少创新精神的问题。

同时，第三方物流企业能为用户提高更加专业化的服务，这对企业树立良好的品牌形象。吸引更多的客户有重要意义。

（四）降低风险

企业通过外包物流业务，实现了和其他企业共同承担物流业务风险的目的，从而降低了自身的物流风险。同时，企业之间可以通过建立战略同盟关系的方式，促进各企业发挥自己的所长，从而促进生产商品的质量得到保证，减轻各企业的运营风险。

三、企业运用第三方物流系统的决策步骤

企业在运用第三方物流系统时，通常要考虑到重要因素，比如物流外包的产品内容、物流外包的对象、物流外包的控制等等。总的来说，企业在进行第三方物流系统的决策时要经历以下步骤。

（一）内部分析评价

企业在进行物流外包之前，首先要确定自身的核心业务，确定出核心业务之后，企业的非核心业务就成为可以外包的对象。具体在选择外包内容的时候应该考虑以下因素。

（1）这些功能和活动的评价。

（2）这些活动的依赖性是什么。

（3）这些活动会否会成为企业的核心业务和能力。

（二）供应商评估和选择

在确定了具体的外包内容之后，就要对供应商进行选择。在对供应商进行评估和选择时，也应当考虑第三方物流企业的多重因素，具体包括：信誉问题、财务状况、设备状况、物流人才、文化适应程度以及被证实的跟踪记录等等。此外，还可以同供应商的现有客户进行沟通，来了解供应商的详细信息。

（三）执行和管理

外包方案确定后，就要对方案进行执行和管理。企业对外包方案管理的通常做法是：成立一个专门的项目管理小组，管理小组主要负责同外包

商进行谈判、对外包项目的进程进行评价、收集和及时反馈外包项目的信息，同时，当外包商违反合同规定，提供的产品或服务不符合标准时，项目小组有权对外报上提出异议，并促其进行修改。

培养良好的外包关系，不仅有利于企业降低自身的外包风险，而且能促进外包项目的顺利实施。为了达到这个目的，企业可以同外包商之间建立相互信任的合作关系，利用双方的企业优势进行互补，从而实现企业同外包商的效益双赢。

第八章　供应链管理绩效评价与激励机制

对供应链进行绩效评价是一种手段，其主要目的是通过对企业经营绩效的评价，可以发展企业发展中存在的问题，然后有针对性的找出解决的措施，从而提高企业的经济收益。尤其是当企业处在供应链管理环境下，一个节点企业运行绩效的高低，不仅会关系到该企业自身的生存与发展，并且还会影响到整个供应链的其他企业的利益。因此，对供应链管理进行绩效评价是极为有必要的，可以激励各个企业都创造出一流的绩效，从而提高整个行业的利润。

第一节　供应链绩效评价的特点

供应链管理是通过前馈的信息流和反馈的物料流及信息流，将供应商、制造商、分销商和最终用户直接联系起来的一个整体的管理模式，因此它与单个企业管理模式之间的差别较大，并且对企业运行绩效的评价也不相同。

一、从单个企业角度进行绩效评价的特点

在单个企业的绩效评价中，主要侧重的是企业内部的职能部门或是职工个人，其评价指标主要表现为以下三个方面的特点。

（1）单个企业绩效评价指标的数据主要来源于自身企业的财务结果，在时间上较为滞后，不能全面、及时地反映出供应链的动态运营状况。

（2）单个企业绩效评价主要针对的是企业职能部门的工作完成情况，范围比较小，不能对企业的整体业务进程进行评价，也不能科学、客观地对整个供应链的运营情况做出正确的评价。

（3）单个企业绩效评价指标不能对供应链的整个业务流程做出实时的评价和分析，其主要侧重的是进行事后分析，不具有一定的预见性。这样，当企业发现问题时，往往是该问题已经对企业的运营造成了影响，企业已经遭受了损失，并且损失是难以弥补的。

从上述中我们可以看出，为了衡量供应链整体运作绩效，便于企业的最高管理层可以及时掌握供应链的运营状况，因此就应该设计出一种更适合于供应链绩效评价的指标和方法，有利于企业管理者做出正确的决策。

二、供应链绩效评价指标的特点

正确的供应链绩效评价指标，应该是能够全面地反映出供应链整体运营状况以及上下节点企业之间的运营关系，而不是对某一个单独的供应商的运营状况做出评价。例如，对于供应链上的某一供应商来说，该供应商所提供的某种原材料价格很低。如果仅仅只是对这一个供应商进行评价，而忽略其他环节的话，就会得出该供应链运行绩效良好的结果。在这种情况下，如果下游的节点企业只是考虑到原材料的价格指标，而不考虑原材料的加工性能，必然就会选择该供应商所提供的原材料。但是，如果企业采用了该供应商提供的这种价格较低的原材料之后，其加工性能却不能满足下游企业生产工艺的要求，那么势必就会增加生产成本，最终使得原材料成本低的优势被增加的生产成本所抵消。因此，在对供应链运行绩效的指标进行评价时，不仅要评价该节点企业（或供应商）的运营绩效，而且还要考虑到该节点企业（或供应商）的运营绩效对其他节点企业或整个供应链的影响，以此才能得出最为全面、正确的结论。

单个企业绩效评价指标主要是基于部门职能的绩效评价指标，而供应链绩效评价指标则是基于业务流程的绩效评价指标，这二者之间的差异如图 8-1、图 8-2 所示。

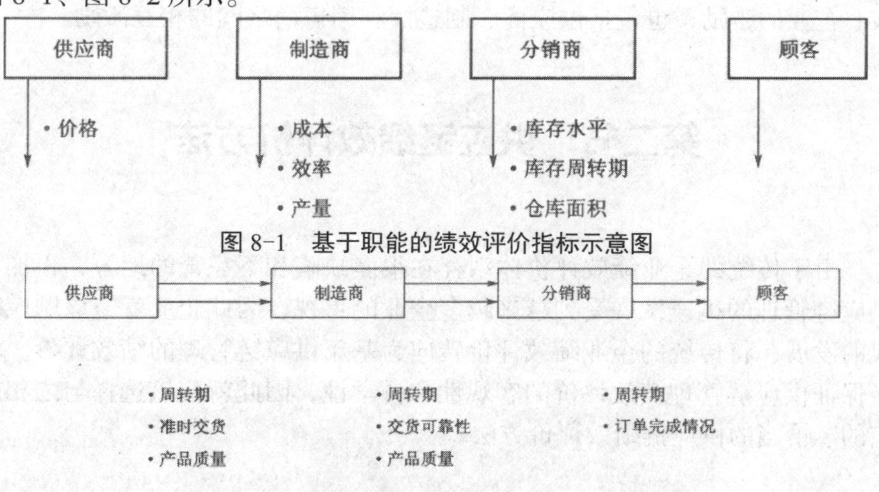

图 8-1　基于职能的绩效评价指标示意图

图 8-2　基于供应链业务流程的绩效评价示意图

三、供应链绩效评价的目的

对供应链管理进行绩效评价的目的，主要表现在四个方面。

（一）对供应链内各企业做出评价

在该方面的评价中，主要考虑的是供应链对其成员企业的激励作用，从而可以吸引更多的企业加盟，剔除不良企业。

（二）对整个供应链的运行效果做出评价

通过对整个供应链的评价，可以在整体上对供应链的运行状况有一个全面的了解，从而可以及时找出供应链中存在的问题和不足之处，并采取相应的解决措施，避免为企业带来不必要的损失。为供应链在市场中的存在、组建、运行或撤销的决策提供必要的客观依据。

（三）对供应链内各企业之间的合作关系做出评价

该方面的评价主要考察的是，供应链的上游企业（如供应商）对下游企业（如制造商）提供的产品和服务的质量，通过对用户满意度的调查研究，来对上、下游企业之间合作关系的好坏做出评价。

（四）对企业起到激励作用

通过对供应链管理的评价，不仅可以对整个供应链的运营状况有一个全面的了解，并且对企业还可以产生一定的激励作用，包括核心企业对非核心企业的激励，也包括供应商、制造商和销售商之间的相互激励。

第二节　供应链绩效评价方法

由于传统的企业绩效评价体系存在很多缺陷和不完善的地方，再加上供应链管理的迅速发展受到越来越多企业的重视，因此企业就应该顺应时代的发展，将传统的企业绩效评价转向为基于供应链管理的绩效评价。为了保证供应链管理绩效评价的客观性和科学性，因此就应该选择与之相适应的、恰当的供应链绩效评价方法。

一、基于关键绩效指标的评价

关键绩效指标评价（Key Performance Indicators，KPI），是指提取一些事先得到认同的、可以影响一个企业成功的关键要素来构成评价体系，被提取出来的要素就是关键指标 KPI。这些因素都是可以被测量和量化的。KPI 的核心思想是“二八”定律，也就是说供应链或企业应该抓住其中最主要的关键因素。重点关注和考评与其战略目标实现关系最密切的那 20%的关键绩效指标。

（一）KPI 方法的特点

1．体现供应链战略目标

KPI 所衡量的所有内容都必须要符合于供应链的整体战略目标。企业在采用关键绩效法对供应链管理进行评价时，如果关键绩效指标明确体现出了供应链的战略目标时，其所评价的对象就更容易以实现供应链战略目标的相关部分作为自身的主要职责；如果 KPI 不符合供应链战略目标，那么其所评价对象所作出的努力最终也会偏离供应链的战略目标。因此，从本质上来说，KPI 实际上是对供应链战略目标的进一步细化和发展。供应链战略目标是长期的、指导性的、概括性的，而各结点企业、部门的关键绩效指标则主要针对的是具体的结点企业、部门、职位、当年的工作绩效。因此，关键绩效指标是对真正驱动供应链战略目标实现的具体因素的发掘，是供应链战略对每个结点企业工作绩效要求的具体体现。当供应链目标发生改变时，KPI 也会随之发生变化。

2．衡量重点的经营活动领域

在供应链环境下，每一个结点企业的工作职责都各不相同，而处于链上核心企业的工作要比一般辅助性企业的工作更为重要，结点企业高层管理人员的工作任务要比普通员工和中层管理者的工作更为复杂，但 KPI 只是对那些能够对供应链目标起到重要影响作用的工作进行衡量，而不是对所有的操作环节都全称进行监督和反映。

3．衡量可以控制的因素

供应链经营活动取得的最终成绩是内外因共同作用的成果，其中，内因是各结点企业可以进行控制和影响的部分，也是关键绩效指标衡量的重点。在使用关键绩效法的过程中，要尽量反映出结点企业运营的直接可控效果，而剔除那些被他人或环境造成破坏的负面影响。

4. 供应链结点企业一致认同

需要注意的是，KPI 并不是由核心结点企业强行下发的，也不是本企业内部自行制订的，而是由核心企业与链上其他企业共同参与、确定下来的，是双方达成一致意见的具体表现。

（二）KPI 体系的确立

1. 子目标与主业务流程

由于供应链的总体战略目标是由链上核心企业确定的，因此其他企业的战略就需要与其保持一致。在通常情况下，供应链战略可以被分解为几项主要的支持性子目标，而这些支持性的更为具体的子目标本身则需要在供应链的某些主要业务流程的支持下才能最终得以实现。因此，在目标与主业务流程的环节中，需要完成以下几项工作。

（1）由核心企业确定整个供应链的总体战略目标。

（2）非核心结点企业高层根据供应链的战略确立公司的总体战略目标。

（3）由核心企业将战略目标分解为主要的支持性子目标，如图 8-3 所示。

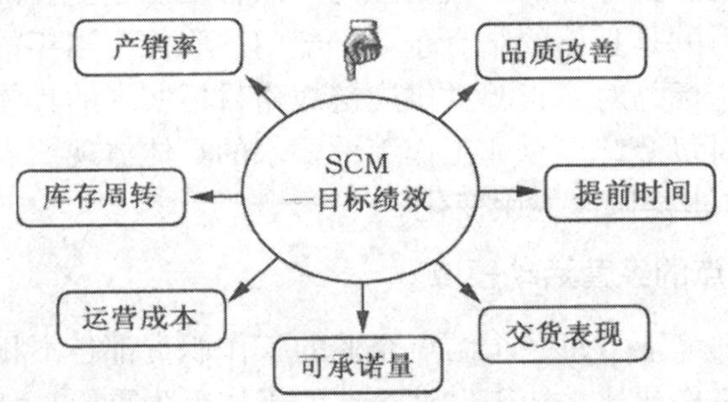

图 8-3 供应链绩效评价准则指标

（4）在供应链的主要业务流程与支持性子目标之间建立关联。

2. 支持性业务流程目标

各战略子目标的支持性业务流程在确定下来之后，就需要再进一步确认各支持性业务流程在支持战略子目标达成的前提下流程本身的总目标。如表 8-1 所示，该流程的总目标时降低成本、快速满足客户对产品质量和服务的要求。因此，就可以将该流程的总目标在客户要求和组织目标要求方面分为四个部分来对其进行详细的分解。例如，客户要求产品的价格要降低，因此企业组织就需要提高产品的设计质量，供应链应当引进成熟的技术以弥补供应链自身的不足之处。其余表内内容都是相似的，空白区表示要求不相关或存在一定的冲突。

表 8-1　流程总目标分解确认的九宫图法示例

流程总目标：低成本、快速满足客户对产品质量和服务的要求		供应链目标要求（客户满意度高）			
		产品性能指标：合格品率	服务质量 满意率	工艺质量合格率	准时发货率
		产品设计质量	工程服务质量	生产成本	产品交付质量
客户要求	质量	产品设计好	安装能力强	质量管理	发货准确
	价格低	引进成熟技术			
	服务好		提供安装服务		
	交货周期短			生产周期短	发货及时

3．业务流程与职能部门关联

供应链战略目标的最终实现，主要是由主业务流程来完成的，而主业务流程是由链上各个结点企业相互协作来完成的。在业务流程与职能部门关联环节中，可以通过九宫图的方式来建立供应链业务流程与各项工作职能之间的关联，从而可以在更微观的部门层面建立流程、职能与指标之间的关联，从而为供应链总体战略目标和各结点企业部门绩效指标之间建立一定的联系。在表 8-2 中，是某新产品开发时，在不同的三个流程中各个职能部门需要完成的工作。通过找出在不同业务流程中各职能部门应承担的角色或应做的工作，就可以在流程与职能部门之间建立联系。

表 8-2　确认业务流程与职能部门联系的九宫图法示例

流程：新产品开发	各职能所承担的流程中的角色				
	市场部	销售部	财务部	研究部	开发部
新产品概念选择	市场论证	销售数据收集		可行性研究	技术力量评估
产品概念测试		市场测试			技术测试
产品建议开发			费用预算	组织预研究	

4. 部门级的 KPI 指标

这里所说的“部门”所涵盖的范围较大，不仅包括传统上企业中存在的各个部门，并且还包括供应链结点企业相互协作时所成立的团队中的虚拟部门。本环节的主要任务是，从以上三个环节中建立起来的流程重点、部门职责之间的联系中提取出部门级的 KPI 指标。其具体的操作步骤是，分别对测量主体、测量对象、测量结果这三个方面，从时间、成本、质量和数量上分别进行详细和深入的分析，以此来得出部门级的 KPI，如表 8-3 所示。

表 8-3　部门级 KPI 指标提取示例

<table>
<tr><td colspan="2" rowspan="2"></td><td colspan="3">关键绩效指标维度</td><td rowspan="2">指标</td></tr>
<tr><td>测量主体</td><td>测量对象</td><td>测量结果</td></tr>
<tr><td rowspan="4">绩效度量维度</td><td>时间</td><td>效率管理部</td><td>新产品开发</td><td>上市时间</td><td>新产品上市时间</td></tr>
<tr><td>成本</td><td>投资部门</td><td>生产过程</td><td>成本高低</td><td>生产成本率</td></tr>
<tr><td>质量</td><td>顾客管理部</td><td>产品与服务</td><td>满足程度</td><td>客户满意率</td></tr>
<tr><td>数量</td><td>能力管理部</td><td>销售过程</td><td>收入总额</td><td>销售收入</td></tr>
</table>

5. 进一步分解到职位

在以上环节全部都完成之后，就可以根据“部门”KPI、业务流程以及确定的各职位职责，建立起供应链目标、结点企业目标、业务流程、职能“部门”与职位五个方面的统一。如表 8-4 所示，在某一新产品的开发流程中，其目标是通过发现客户问题、确认客户需求来寻找新的商业机会，因此其指标就是商业机会。想要实现这一目标，就需要企业的市场部进行大连的客户调研和市场分析，以此来制定相关的市场策略、指导市场运作，这些工作分别是由市场部内两个职位的工作人员进行的，他们的总体目标时相同的，但各有分工。

表 8-4　KPI 进一步分解到职位示例

<table>
<tr><td colspan="2" rowspan="2">流程：新产品开发</td><td colspan="2" rowspan="2">市场部部门职责</td><td colspan="4">部门内职位职责</td></tr>
<tr><td colspan="2">职位一</td><td colspan="2">职位二</td></tr>
<tr><td>步骤</td><td>指标</td><td>产出</td><td>指标</td><td>产出</td><td>指标</td><td>产出</td><td>指标</td></tr>
<tr><td rowspan="4">发现客户问题，确认客户需求</td><td rowspan="4">发现商业机会</td><td rowspan="4">市场分析与客户调研</td><td>市场占有率</td><td rowspan="4">市场与客户研究成果</td><td>市场占有率增长率</td><td rowspan="4">市场策略</td><td>市场占有率增长率</td></tr>
<tr><td>销售预测准确率</td><td>销售预测准确率</td><td>销售预测准确率</td></tr>
<tr><td>市场开拓投入率降低率</td><td>客户接受成功率提高率</td><td>销售毛利率增长率</td></tr>
<tr><td>市场领先周期</td><td>领先对手提前期</td><td>销售收入月增幅度</td></tr>
</table>

二、基于财务指标的评价方法

供应链的运作实效最终在企业的财务报表中体现出来，因此，应当将供应链评价系统与供应链运营的绩效和财务状况直接联系起来。

（一）会计核算法

企业会计核算的财务报表主要包括资产负债表和损益表。资产负债表可以反映出一个企业在某个特定时点的财务状况，其目的是总结资产和负债并指明所有者权益净值。损益表则可以反映出企业在某段特定时期与特定运作相关的收入和成本。需要注意的是，由于传统的会计方法不能客观地反映出供应链的物流成本统计，因此不能充分满足供应链绩效评价的相关需求，具体来说主要表现在以下三个方面。

1．传统会计方法中成本累计是以一个标准科目为基础，而不是活动

在纯铜会计方法中，是将支出归类为标准科目，如工资、租金、公共事业费用和折旧等，这种方法不能确定和分配运作责任。在通常情况下，为了防止标准科目出现重叠的现象，损益表中都会按照一个企业中的管理或组织领域再次进行划分。内部损益表则通常是按照组织预算线进行归类和费用分类，因此，其实根据企业内部的管理责任来对成本进行细化的。但在实际生活中，很多与物流绩效相关的费用在组织单元内是互相交织的。例如，降低库存将减少库存持有成本，但是会导致订单延误与增加运输成本。这些因素所造成的最终结果就是，企业对绩效进行的会计核算所得到的最终结果是不准确，并且也是不充分的。

2．传统会计方法将运费作为一种具体的成本出现

在传统的会计核算方法中，其中的一个标准方法是从销售总额中扣除运入货物的费用作为商品成本的一部分，得到一个毛利；运出货物的费用通常作为运营支出。但是在很多的采购项目中，运费并不是作为一项具体的成本来出现的，很多的商品在以交付价格进行采购的过程中，交付价格就已经包含了运输所花费的成本。

3．传统的会计方法不能明确并分配库存成本

传统的会计方法不能明确并分配库存成本，主要表现在两个方面。

（1）与库存维护相关的全部成本没有确定，如保险和税金，这会导致报告的库存成本不完全。

（2）对投入到原材料、在制品和产成品库存中的资产的财务负担没有明确测量，也没有从企业其他形式的资产费用中分离出来。实际上，如果一个公司使用内部资金来支持库存需求，那么在企业的损益表中就很有可能不会显示出资本支出项目。

为了弥补传统会计核算方法的这些不足之处，就需要对其进行完善和修正，尤其需要注意的是对运输和库存项目的修正，在传统的报表中没有给予它们足够的重要性。为了实现降低成本，提高运作效率的目的，企业就需要使用恰当的方式来确定并收集所有与成本相关的信息。一个有效的成本核算必须要确定每项具体的费用，这类分析框架中包括贡献毛利法和净利润法。

（二）贡献毛利法

企业在采用贡献毛利法的过程中，首先需要做好两个方面的工作。

1．确定固定成本和可变成本

在贡献毛利法中，要求所有成本都需要根据支出行为来确定其是固定成本或是可变成本。固定成本指的是，不随活动量直接改变的成本。例如，一个运货卡车的成本是固定的，如果卡车的成本是 30 万元，不论卡车是运输 1 次或者 1 000 次，公司都必须支付 30 万元。

可变成本则指的是那些随活动变化而变化的成本。例如，车辆运行所需要的汽油费就是可变成本，其需要根据卡车行驶的频率和距离的变化而随之发生变化。

2．确定直接成本和间接成本

企业在使用贡献毛利法中，其中一个重要的环节就是要确定什么是直接成本，什么是间接成本。直接成本指的是，因产品、客户以及其他所有要考虑的因素存在而产生的成本，如果某些因素被取消，那么直接成本就将减少或根本就不存在。所有的可变成本都可以直接追溯到具体的产品、客户、渠道等对象。如果某些固定成本是专门支持具体的某个业务部分，那么该固定成本也应被看作是直接成本。例如，某个仓库设施是为了支持某条特定的产品线或者某个重要客户而专门建立的，那么该仓库设施的成本就是直接成本。

间接成本指的是，与产品和服务难以形成直接量化关系的资源投入成本，其包括固定资产折旧成本、管理费用、营销费用等，该类成本由于不能被直接量化而经常会被人们所忽略。

企业用贡献毛利法进行分析，可以通过确定固定成本、可变成本和直接成本、间接成本而反映出每个部门的盈利情况。表 8-5 分析了一家公司的两个客户收益率。销售产品的可变成本与每个客户销售的产品直接相关，包括直接人工、原材料和供应商。固定直接成本包括可以直接追溯到某个客户的任何其他成本。间接固定成本包括不易追溯的所有费用。其中，很多都可能是与物流相关的成本，如公共仓库、运输设备和其他共用资源。在贡献毛利法中，企业的一般管理费用都要被记入到间接成本项目中。

表 8-5　两个客户的贡献毛利损益表

	客户 A	客户 B	总计
收入	100 000	150 000	250 000
减：销售产品可变成本	42 000	75 000	117 000
可变毛利润	58 000	75 000	133 000
减：可变直接成本	6 000	15 000	21 000
部门总体贡献毛利	52 000	60 000	112 000
减：固定直接成本	15 000	21 000	36 000
部门净贡献毛利	37 000	39 000	76 000
减：间接固定成本			41 000
净利润			25 000
部门净贡献毛利率	37%	26%	30.4%

（三）净利润法

净利润法是要求按部门分配运营成本，这种方法的前提假设是一个公司的所有活动都是为了支持生产、产品配送以及服务客户。在现实生活中，很多公司的大多数成本都是联合或者分摊成本。想要确定一个分销渠道、区域或者产品的真实盈利情况，就必须要将这些成本公平地分摊到每个部门之中。在表 8-5 的例子中，如果根据销售量来分摊间接成本，那么客户 A 将要分摊 40%，即 16 400 元；客户 B 要支付 60%，即 24 600 元。那么来自客户 A 的净利润则为 20 600 元，客户 B 的净利润为 14 400 元。

在实际生活中，如果平等地分配间接成本，势必会出现很多的问题。因此，一些专家认为这种成本分配方式会导致主观分配，影响财务评价。由此可见，这种常见的按销售量进行分摊的做法还是存在缺陷的。例如，在前面的案例中，客户 B 的销量占 60%，但这并不一定意味着它必须要分摊 60%的活动公共费用。其具体分摊的费用应该根据实际情况来进行确定，而不是仅靠销售量来进行判断。

（四）作业成本法

作业成本法（Activity-Based Costing）是将成本追溯到执行的活动，然后将活动与具体的产品或者企业客户联系起来。在前面的案例中，订单处理的费用主要是一个固定的间接成本，总计 5 000 元。如果按照销售量方法进行分摊，那么客户 A 将承担 2 000 元，客户 B 承担 3 000 元。但是，客户 A 可能在一年里多次下单，每次订货量都很少，而客户 B 却下了几笔大的订单。如果 A 下了 80 单，B 下了 20 单，按照 ABC 法，A 将承担费用的 80%，即 4 000 元，B 仅需承担 20%，即 1 000 元。通过确定活动和成本的动机，将类似的逻辑应用到其他间接固定成本之中，有利于更加准确地计算出客户的收益率。

三、基于 SCOR 模型的绩效评价

1996 年，美国供应链协会制定了供应链运作参考模型（Supply Chain Operations Reference Model，SCOR）的绩效标准，适合于不同的工业领域。SCOR 虽然是供应链的诊断工具，但是也可以将其用于评价及改进供应链的运作绩效。SCOR 的供应链是一个由计划、采购、制造、交付和退货五个功能重复交替所组成的网链。

（一）SCOR 标杆分析

标杆分析法指的是，在收集内部供应链绩效指标数据的基础上，加上竞争者和业内绩效数据与标杆绩效进行比较。

其具体操作过程是：通过绘制供应链运作流程图，收集内部供应链绩效指标数据。确定标杆的供应链绩效指标，从计划、采购、生产、交付、退货等基本流程上将内部绩效与标杆绩效进行比较，从而寻找改进的机会。例如，寻找流程作业重复或间断部分，识别出不用增值或无效流程的作业，以此来改进绩效不好的问题流程。选择绩效指标，通过头脑风暴法，寻找解决方案，最后构造目标供应链运作流程图。

（二）SCOR 改进维度

SCOR 模型在使用的过程中需要遵循一个基本原则，即要多维度地描述、测评和改进供应链绩效。该方法使用难点主要表现在要具有可靠性、反应

速度、柔性、运作成本和资产管理，如表 8-6 所示。其中，可靠性、反应速度和柔性主要针对的是企业外部的服务顾客来，而运作成本和资产管理则主要针对的是企业内部的绩效。

表 8-6　供应链运营性能指标

供应链五大维度	衡量指标	面向客户			面向内部	
		可靠性	反应速度	柔性	运作成本	资产管理
供应链供应可靠性	按时交付率	√				
	可供货率	√				
	完美供货率	√				
供应链反应速度	供货提前期		√			
供应链的柔性	供应链响应时间			√		
	生产的柔性			√		
供应链运作成本	产品销售成本				√	
	供应链管理总成本				√	
	增值生产率				√	
	保修/返修成本				√	
供应链资产管理	现金周转时间					√
	存货供应天数					√
	资金周转次数					√

在对供应链绩效进行多维的、全面的描述和测评时，其出发点应该是能够最大限度地满足客户的需求，同时要权衡成本的增长、加速资产的流动，从而最终提高整个供应链的经济收益。

1．供应链反应速度

反应速度指的是，将产品送达客户的速度，可以反映出供应链的响应能力。衡量指标，如供货提前期，即完成客户订单所需的提前时间。

$$\text{平均订单完成提前期}=\frac{\text{所有订单运输的实际提前时间}}{\text{运送订单的总数}}$$

2．供应链供应可靠性

供应可靠性指指的是，企业能否在正确的时间将正确质量的产品交付正确的地点、正确的客户。其衡量指标主要包括三个方面。

（1）按时交付率。

按时完成订单占订单计划的比率，其计算公式为：

$$按时交付率=\frac{准时足额发货的订单数量}{订单总数}$$

（2）可供货率。

成品库接到订单 24 小时内发运的比率，其计算公式为：

$$可供货率=\frac{收到订单24小时内从仓库发货的订单数}{收到订单的总数}$$

（3）完美供货率。

完全按客户订单执行的履行比率，其计算公式为：

$$完美供货率=\frac{准时足额发货的订单数量-文档资料有错误的订单-有运送损坏的订单}{全部订单总数}$$

3．供应链资产管理

一个组织为满足需求利用资本的有效性，包括各项资本（固定资本和运营资本）的利用。反映了供应链资产管理的效率。这类衡量指标有：

（1）现金周转时间：库存的供应天数+应收款账龄-应付款账龄。

（2）存货供应天数：存货周转天数=365 天/存货周转次数=库存总值/（商品销售成本/365）。

（3）资产周转次数：产品销售总额/总资产净值，或产品销售总额/总流动资金。

4．供应链运作成本

运作成本指供应链运营所耗的成本，衡量指标有：

（1）产品销售成本：主要包括物料采购和生产、运输、仓储、配送和退货的成本等。

（2）供应链管理总成本：主要包括信息系统成本、财务和计划费用、库存运转成本、材料采购成本、订单管理费用等直接费用和间接费用。

（3）增值生产率：（总收入-总材料采购费）/总雇员数。

（4）保修/返修成本：材料、人工和问题诊断工具的所有费用。

5．供应链的柔性

柔性指供应链面对市场变化获得和维持竞争优势的灵活性，衡量指标有：

（1）供应链响应时间：订单履行提前期+原材料周转时间。

（2）生产的柔性：向上的柔性即在无事先计划下增产20%所需要的天数；向下的柔性，即在没有存货和损失的情况下能够承受30天的提前运送订单减少的百分比。

企业在实际应用中，可以根据不同绩效评价方法之间的联系，将不同的绩效评价方法结合起来进行使用，以完善绩效评价方法体系，使企业可以通过评价方法的集成获得更加全面和准确的绩效评价结果。

四、基于平衡计分法的绩效评价

供应链绩效评价的核心是供应链能否增加价值，因此不仅要对当前供应链下企业的绩效进行考核，并且还要对其以后长期发展的能力进行考核。

（一）财务价值

在通常情况下，企业的财务指标主要是基于现金流和传统的财务会计来制定的，因此缺乏对企业未来盈利能力的激励。供应链平衡计分卡的指标应弥补这方面的缺陷，注重促进企业的成长和制定长远目标。其指标具体来说主要有以下四个方面。

1．现金周转率

该指标是联系供应链整个流程的一个关键性指标，评价供应链运作过程中现金在原材料、劳动力、在制品、完工产品直至现金的全过程。供应链系统通过先进的信息技术以及产品流集成，协调合作伙伴之间的运作，可以使现金周转的速度加快。

2．供应链资本收益率

该指标由客户的利润除以在此期间使用的供应链的平均资产，其可以反映出资产增值性绩效的大小。

3．客户销售增长与利润

该指标表现为主要客户在供应链产品上的年销售收入和利润率增长。其反映了供应链下游在三个主要方面的绩效，即客户的销售量按年增长的情况、对于特定客户服务所获收益随着合作关系的增进而进一步提高的情况、接受服务的基数增加的情况。扩大销售量、增加新的客户都会成为企业新的利润增长点。

4. 供应链的库存天数

该指标可以反映出资本在供应链运营中库存形式的占用天数，它等于某个时期的物料、在制品、产品库存等形式占用的时间。

（二）顾客导向

在供应链管理的整个过程中，其中一个重要的内容就是对客户进行管理，了解客户的需求以及评价满足客户需求程度的大小，以便及时调整供应链的经营方法和策略。因此在评价指标的选择中，应该集中于体现客户意志、反映客户需求，既可以是反映客户价值、客户反馈的一般指标，也可以是集中于客户价值等特定范畴的指标，如服务质量、柔性、成本等。

1. 客户保有率

需要明确的一点是，保证供应链利润持久的来源是核心客户。企业想要通过特定的客户群体来保持或是增加市场份额，就应该同客户保持一种极为密切的联系，充分满足客户的需求，允许客户积极参与产品的合作开发设计之中，使客户能够成为持久利润的来源。

2. 供应链订单完成的总周期

供应链订单完成的总周期是评价整个供应链对于客户订单的总体的反应时间。

3. 客户对供应链柔性响应的认同

该指标主要是用于评价客户对供应链提供服务的客户化以及响应速度的满意度。

4. 客户价值率

客户价值率指的是，客户对供应链所提供服务的满意度与服务过程中发生的成本进行比较之后，所得到的价值比。该指标主要侧重于导致客户发生的成本。其计算公式为：

$$客户价值率=\frac{调查评价值}{每份订单的成本}$$

其中，调查评价值可以通过评价服务的满意值（如通过标杆法得到比较值）得到。

（三）运营能力

客户绩效指标需要在转化为内部流程指标之后才能最终得以实现，其与供应链成员的生产运营绩效之间有一点的联系。这类指标主要有以下四个方面。

1．供应链有效提前期率

供应链有效提前期率可以反映出供应链在完成客户订单过程中有效的增值活动时间在订单响应时间中的比率。其中，供应链订单响应时间=客户需求及预测时间+预测需求信息传递到内部制造部门时间+采购、制造时间+制造终端节点运输到最终客户的平均提前期（或者定单完成提前期），有效的增值活动时间是供应链运作的相关部门增值活动的时间之和。

库存闲置率与供应链有效提前期率是同一性质的指标，其指的是供应链中库存闲置的时间和库存移动时间之间的比率。其中，闲置时间包含以物料、在制品、产品库存等不同形式在供应链运作中的总停滞和缓冲时间。库存移动时间指的是，指库存在加工、运输、发运中的总时间。该指标可以反映出库存在整体运作中的时间占用情况，由于库存经营效率的提高。

2．供应链持有成本

该指标主要考核的是物流系统运作的有效性和成本的集约性。

3．供应链生产时间柔性

该指标指的是，由市场需求变动导致非计划产量增加一定比例后供应链内部重新组织、计划、生产的时间。

4．供应链目标成本达到比率

该指标是从单一产品和流程的角度来分析，其在质量、时间和柔性上的流程改进是否达到企业预定的目标成本。非财务指标想要达到准确分析业务改进幅度的目的是相当困难的，只有在量化指标得到相应处理后才能在一定程度上表明事物的本质。

（四）学习成长

供应链在未来的发展成长将会直接关系到供应链的价值。供应链的改进是一个动态的过程，可以通过四个方面进行。

（1）重新设计产品及其流程。

（2）通过企业集成对组织间活动有效地进行调节和整合。

（3）持续改进供应链的信息流管理，使供应链的各个合作者能够共享决策支持所需要的准确信息。

（4）每个供应链都需要对外部市场的潜在威胁和机遇随时保持注意和机警，以便及时对供应链的核心价值重新进行定义。

对企业绩效评价的改进需要表现在新产品开发周期、新产品销售比率、流程改进效率等方面。该类型的指标主要有两个。

（1）产品最终组装点，其可以反映出延迟制造问题日益突出的重要性。

（2）组织之间数据共享的比重。实现供应链信息共享是长久维持供应链伙伴良好合作关系的一个关键因素。

第三节　供应链绩效评价指标体系

随着供应链管理理论的不断发展和供应链实践的不断深入，为了能够更加科学、客观地反映出供应链的运营情况，应该建立一种与之相适应的供应链绩效评价方法，并制定出相应的绩效评价指标体系。供应链绩效的评价指标有其自身的特点，并且其内容较企业评价指标也更为广泛，其需要对供应链的上游企业是否拥有充分满足下游企业或市场需求的能力进行全面的衡量。

一、建立供应链绩效评价体系应遵循的原则

企业在实际操作中，为了能够建立有效评价供应链绩效的指标体系，应遵循如下原则：

（1）采用能反映供应链业务流程的绩效指标体系。

（2）要突出重点，做到对关键绩效指标进行重点分析。

（3）评价指标要能反映出整个供应链的全部运作情况，而不是仅仅可以反映出某个单一节点企业的运作情况。

（4）采用实时分析与评价的方法。绩效的评价范围要扩大到能反映供应链实时运作的信息上去，以便于企业进行事先预测，找到相应的解决措施或是避免问题的产生。

（5）在对供应链绩效进行评价时，要将评价对象扩大到供应链上的相关企业，以保证评价指标可以全面反映出供应商、制造商及用户之间的关系。

二、供应链业务流程的绩效评价指标

整个供应链，是指从最初供应商开始直至最终用户为止的整条供应链。可以全面反映整个供应链运营的绩效评价指标，必须要对其客观性和实际可操作性进行综合的考虑，主要有以下几个指标。

（一）产销率指标

产销率指的是，在一定时间内已销售出去的产品与已生产的产品数量的比值，其计算公式为：

$$产销率=\frac{一定时间内已销售出去的产品数量(S)}{一定时间内生产的产品数量(p)}$$

由于 $S \leqslant P$，因此产销率总是小于或等于 1。

产销率指标又可分成如下三个具体的指标：

1. 供应链节点企业的产销率

该指标反映供应链节点企业在一定时间内的经营状况。

$$供应链节点企业的产销率=\frac{一定时间内节点企业已销售产品数量}{一定时间内节点企业已生产的产品数量}$$

2. 供应链核心企业的产销率

$$供应链核心企业的产销率=\frac{一定时间内核心企业已销售产品数量}{一定时间内核心企业已生产的产品数量}$$

该指标反映供应链核心企业在一定时间内的产销经营状况。

3. 供应链产销率

$$供应链产销率=\frac{一定时间内供应链节点企业已销售产品数量之和}{一定时间内供应链节点企业已生产的产品数量之和}$$

该指标反映供应链在一定时间内的产销经营状况，其时间单位可以是年、月、日。随着供应链管理水平的不断提高，时间单位的取值也越来越小，甚至可以以天为单位。该指标可以反映出供应链资源（包括人、财、物、信息等）的有效利用程度，产销率越接近 1，就说明企业资源的利用程度越高。同时，该指标也反映了供应链的库存水平和产品质量，其结果越接近 1，则说明供应链成品的库存量也就越小。

（二）平均产销绝对偏差指标

$$平均产销绝对偏差=\sum\left|P_{\mathrm{i}}-S_{i}\right|/n$$

其中，

n 表示供应链节点企业的个数；

P_i 表示第 i 个节点企业在一定时间内生产产品的数量；

S_i 表示第 i 个节点企业在一定时间内已生产的产品中销售出去的数量。

该指标反映在一定的时间范围内供应链总体库存水平，所得的值越大，就说明供应链成品库存量越大，库存费用也就越高。反之，则说明供应链成品库存量越小，库存费用也越低。

（三）产需率指标

产需率指的是，在一定时间范围内，节点企业已经生产的产品数量与其上层节点企业（或用户）对该产品的需求量之间的比值。其具体还可以分为两个指标。

1．供应链节点企业产需率

$$供应链节点企业产需率=\frac{一定时间内节点企业已生产的产品数量}{一定时间内上层节点企业对该产品的需求量}$$

该指标反映了上、下层节点企业之间的供需关系。产需率的值越接近 1，则说明上、下层节点企业之间的供需关系较为协调，准时交货率高；反之，则说明下层节点企业准时交货率较低。

2．供应链核心企业产需率

$$供应链核心企业产需率=\frac{一定时间内核心企业生产的产品数量}{一定时间内用户对该产品的需求量}$$

该指标反映了供应链在整体上的生产能力和快速反应市场能力。如果该指标的数值大于或等于 1，就说明供应链繁荣整体生产能力较强，对市场需求快速做出反应，市场竞争能力较强；如果该指标的数值小于 1，则说明供应链的总体生产能力不达标，不能对市场需求做出快速反应。

（四）专利技术拥有比例

$$专利技术拥有比例=\frac{供应链企业群体专利技术拥有量}{全行业专利技术拥有量}$$

该指标可以反映出供应链的核心竞争能力。该指标的数值越大，就说明供应链整体的技术水准高，核心竞争能力强，其产品不容易被对手模仿。

（五）新产品开发率

$$新产品开发率=\frac{在研究新产品数+储备新产品数+已投产新产品数}{现有产品总数}$$

该指标反映了供应链的产品创新能力。该指标的数值越大，则说明供应链整体的产品创新能力和快速反应市场能力都越强，拥有更好的发展潜力。

（六）供应链核心企业产品成本指标

供应链核心企业的产品成本是供应链管理水平的综合体现。首先需要根据核心企业产品当前在市场上的价格来确定产品的目标成本，然后再向上游追溯到各供应商，确定相应的原材料、配套件的目标成本。只有在目标成本小于市场价格时，企业才有可能获得收益，供应链也才能够获得更好的发展。

（七）供应链产品质量指标

供应链产品质量指的是，供应链中各个节点企业（包括核心企业）生产的产品或零部件的质量，其中主要包括合格率、废品率、退货率、破损率、破损物价值等指标。

（八）供应链总运营成本指标

供应链总运营成本是由供应链通信成本、供应链库存费用及各节点企业外部运输总费用，三个部分组成的。其可以反映出供应链运营的效率。

1．供应链通信成本

供应链通信成本包括各节点企业之间的通信费用，如 EDI、因特网的建设和使用费用，供应链信息系统开发和维护费等。

2．供应链总库存费用

供应链总库存费用包括各节点企业在制品库存和成品库存费用、各节点之间在途库存费用。

3．各节点企业外部运输总费用

各节点企业外部运输总费用等于供应链所有节点企业之间运输费用

总和。

三、供应链分销渠道的绩效评价标准

对供应链的绩效进行评价实际上是一件很困难的事情，因为供应链的某些方面是很难进行量化的，不能建立一个统一的评价标准。再加上不同行业的供应链拥有不同的特点，这也就使得建立一个通用的比较标准困难重重。在生产实践中，经常要通过分析某一渠道结构的有效性而及时做出相应的反馈，在这种情况下，进行绩效评价又显得尤为重要。

在对供应链的分销渠道进行绩效评价时，通常会有两种方法，即定性法和定量法。定性评价法的使用范围是：分销渠道成员协作的程度；分销渠道成员矛盾冲突的程度；所需信息的可获得程度。定量评价方法的使用范围是：每单元的分销成本；履行订单的出错率；商品的破损率等。

在有的情况下，企业是根据目标市场顾客的满意程度来对分销渠道的绩效进行评价的。其评价的范围是：产品在店铺中的可获得性；评价顾客服务是否充分；评价企业品牌形象的优势等。除此之外，评价分销渠道结构的有效性还可以包括有评价渠道成员的营业额和渠道中的竞争力量等相关问题。

从当前企业发展的实际情况来看，评价分销渠道绩效还没有制订一个通用的标准。在这种情况下，企业就可以根据自身的战略目标、运营环境、顾客的特殊需求等设计出一个适合自身企业的评价标准，如表 8-7 所示，将主要的评价标准分成了三类列示。

表 8-7　分销渠道绩效评价标准

顾客服务	宏观生产率	微观生产率
库存补充速度	物流成本占销售额的百分比	每单位的仓库成本
订单完成百分率	运输成本占销售额的百分比	库存破损
运送提前期	累计库存成本	运输成本/吨公里
订单、运货单、票据出错率	定期补充的库存量	回程空载率

四、供应链企业之间的绩效评价指标

（一）供应链层次结构模型

反映供应链上、下节点企业之关系的绩效评价指标是以供应链的层次结构模型为基础的。根据供应链的层次结构模型，需要对每一层的供应商都逐一进行评价，从而找出当前供应链中存在的问题并找到对应的解决方法，从而实现对供应链管理的优化。在该结构模型中，供应链可以被看成是由不同层次供应商所组成的递阶层次结构，上层供应商可看成是其下层供应商的用户。供应链层次结构模型，如图 8-4 所示。

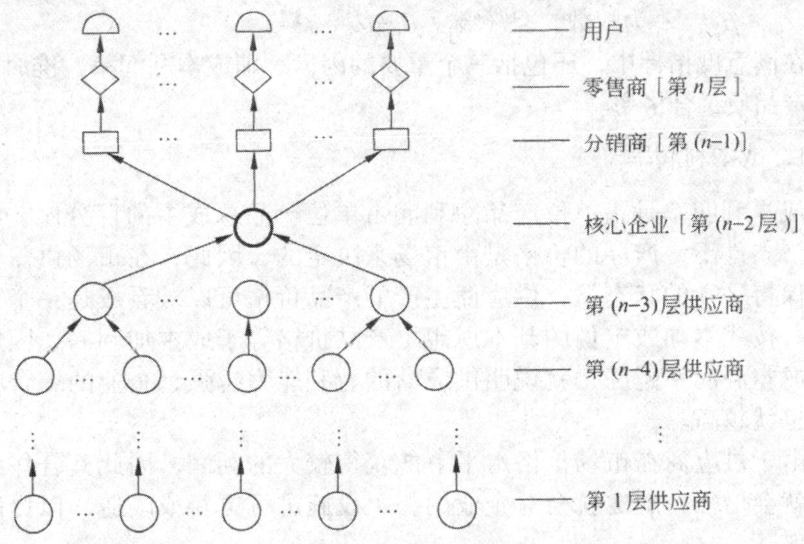

图 8-4　供应链层次结构模型示意图

（二）反映供应链上、下节点企业之间关系的绩效评价指标

由于供应链是由多个节点企业所共同组成的一种网络结构，因此供应商的选择、供应商的绩效评价、由谁来对绩效进行评价就成为供应链运行中必须要面对的问题。从供应链层次结构模型来看，相邻层供应商评价法不失为一种解决上述问题的有效方式。在采用相邻层供应商评价法时，需要遵循一个基本原则，即要通过上层供应商来对下层供应商进行评价。

由于上层供应商可以被看成是下层供应商的用户，因此通过上层供应商来对与其业务相关的下层供应商进行评价和选择，就显得更为客观和直接。根据这个原理，就可以对整个供应链的绩效进行有效的评价。为了能够综合反映出供应链上、下层节点企业之间的关系，这里需要满意度指标的参与。

满意度指标是反映供应链上、下节点企业之间关系的绩效评价指标，即在一定时间内上层供应商 i 对其相邻下层供应商 j 的综合满意程度 C_{ij}。其具体的计算公式为：

$$满意度C_{ij}=\alpha_j\times 供应商j准时交货率+\beta_j\times 供应商j成本利润率+\lambda_j\times 供应商j产品质量合格率$$

其中，

α_j、β_j、λ_j为权数，且（$\alpha_j+\beta_j+\lambda_j$）/3=1

在满意度指标中，还包括三个重要的因素，即成本利润率、准时交货率和产品质量合格率。

1．成本利润率

成本利润率是指单位产品净利润占单位产品总成本的百分比。在市场经济条件下，产品的价格是由市场来决定的，因此，在市场供需关系基本保持平衡的状态下，供应商生产的产品价格可以被看成是一个不变的量。按成本加成定价的基本思想，产品价格等于成本加利润，因此产品的成本利润率越高，就说明供应商的盈利能力越强，企业的综合管理水平也就越高。

由于供应商在市场价格水平下能获得较大的利润，因此其合作的积极性就会增强，随之就会对企业的相关设施进行更新或改造，以提高生产效率。

2．准时交货率

准时交货率是指下层供应商在一定时间内准时交货的次数占其总交货次数的百分比。如果供应商的准时交货率较低，则说明其协作配套的生产能力不足，或是对生产过程的组织管理跟不上供应链运行的要求；如果供应商的准时交货率高，则说明其拥有较强的生产能力，生产管理水平高。

3．产品质量合格率

产品质量合格率是指质量合格的产品数量占产品总产量的百分比，其反映了供应商提供货物的质量水平。产品质量不合格的数量越多，产品的质量合格率就会越低，说明供应商提供的产品质量较差，供应商必须要对不合格的产品承担返修或报废的责任，这样就会增加供应商的总成本，降低成本利润率。由此可以看出，产品质量合格率指标与产品成本利润率指标之间有着密切的关系。同样，产品质量合格率指标与准时交货率之间的关系也较为密切，因为产品的质量合格率越低，就会增加返修的工作量，其造成的结果必然是产品的交货期被延长，从而使得准时交货率也随之降低。

在满意度指标中，权数的取值并不是固定不变的，会随着上层供应商的变化而变化。但是对于同一个上层供应商来说，在计算与其相邻的所有下层供应商的满意度指标时，所取的权数值是相同的，这样，通过满意度指标就能评价不同供应商的运营绩效以及这些不同的运营绩效对其上层供应商的影响。如果所得的满意度指标数值较低，则说明该供应商的运营绩效差，在生产能力和管理水平方面在存在着不足，并其还会对上层供应商的正常运营产生影响，从而不利于整个供应链的正常运营。因此，应该重点关注那些对满意度指标值较低的供应商的管理应，可以对其进行全面的改革或是选择新的供应商。

在整个供应链中，如果每层供应商满意度指标的权数都取相同值，那么最后得出的满意度指标可以反映整个上层供应商对其相邻的整个下层供应商的满意程度。同样地，对于满意度指标值低的供应商就应当及时进行改革或是更换。

处于供应链最后一层的就是产品的最终用户层，最终用户对供应链产品的满意度指标是供应链绩效评价的一个最终标准。其计算公式为：

$$满意度=\alpha \times 零售商准时交货率+\beta \times 产品质量合格率+\lambda \times（实际的产品价格/用户期望的产品价格）$$

第四节　供应链管理中的激励机制

供应链是由上下游许多财务独立、目标不同的企业或成员组成的，每个企业成员对供应链的贡献是不相同的。因此，在对供应链所带来的利益进行分配时，就必须要衡量每个成员对供应链所做贡献的大小。在供应链中的不同成员之间有着不同的目标，并且其中的矛盾关系错综复杂，随时都会产生利益的冲突。在这种情况下，就需要建立一套有效的激励机制，使整个供应链优化所产生的效益在供应链各企业之间以及企业内部之间进行合理的分配。至于供应链中的所有企业都从供应链管理获得应得的利益，各企业才能自觉维护供应链的整体利益。除此之外，还要对那些为供应链做出较大贡献的企业进行重点鼓励，以此来保证供应链的活力与生机。

一、供应链激励机制的内容

供应链激励的主体是指激励者，激励的客体是指被激励者，即激励对象。激励的主体是从最初的业主转换到管理者、抽象的委托人。供应链管理激励的客体主要指其成员企业，如上游的供应商、下游的分销商等，也包括供应链企业内部管理人员和员工。

在供应链管理环境下的激励主体与客体主要会涉及以下几方面。

（1）核心企业对成员企业的激励。

（2）供应链对成员企业的激励。

（3）制造商（下游企业）对供应商（上游企业）的激励。

（4）制造商（上游企业）对销售商（下游企业）的激励。

（5）成员企业对整个供应链的激励。

二、供应链企业激励机制的特点

激励实际上是心理学的范畴，但其在管理学的应用中，通常都是被局限在个人行为的范围中。由于供应链激励的对象包括团体（供应链与企业）和个人（管理人员和一般职员）两部分，因此就应该将研究的范围由个人心理扩大到团体心理。在通常情况下，供应链所涵盖的社会范围都很广泛，因此可以将供应链的社会心理作为一个“整体”来对待，这样其就会具有个人心理的一般性特性。但需要注意的是，整体毕竟不是个体的简单相加，因此供应链的社会心理同时又会具有其与众不同的特点。

供应链管理系统同个人有很多的相似之处，比如都会出现成员企业积极性不高，核心企业的开拓精神不强，有的节点企业安于现状、认为不亏损就心满意足或小富即安，有的节点企业丧失进取心等问题。因此，供应链管理也会产生需要、行为、动机和目的，也有心理活动，也有惯性，同样也需要给予激励。供应链激励是供应链管理中的一项重要工作内容，其激励的对象包括供应链自身、成员企业、企业管理人员和一般职员等。其中对于管理人员和一般员工的激励属于企业激励机制的范畴，供应链激励则主要侧重的是对供应链环境下成员企业的激励活动。

供应链企业的激励过程可以借用传统的激励过程模型来描述，如图 8-5 所示。

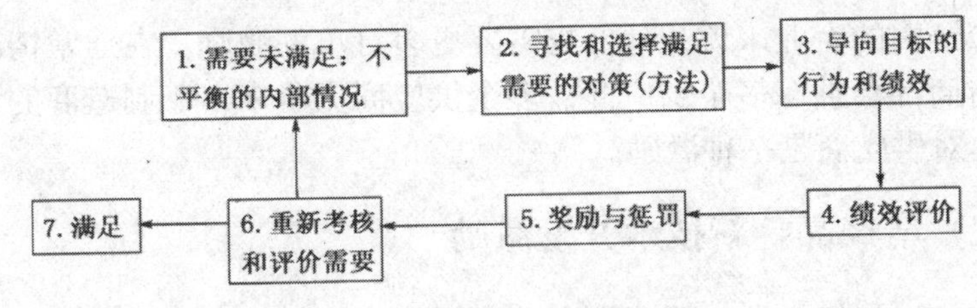

图 8-5　供应链企业激励过程

从上图中我们可以看出，供应链的激励机制包含激励对象（又称激励客体、代理方）、激励的目标、供应链绩效测评（包括评价指标、指标测评和评价考核）和激励方式（正激励和负激励、物质性激励、精神性激励和感情性激励）等内容。实际上，从供应链激励的特点来看，供应链的激励机制还隐含了两个内容：供应链协议和激励者（又称激励主体、委托方）。

三、供应链管理中常用激励模式

（一）价格激励

在供应链环境下，每个节点上的各个企业在战略上都是相互合作的关系，但是每个企业应得的利益也是不能忽视的。在供应链中各个企业间进行利益分配主要体现在价格上。价格包含供应链利润在所有企业间的分配、供应链优化而产生的额外收益或损失在大多数的情况下都是由相应的责任企业来承担，但是在实践中，有的时候并不能准确辨认出相应的责任对象，因此这就需要对额外收益或损失进行均衡，以保证尽可能地公平，这个均衡就需要通过价格来反映。高的价格可以提高企业的积极性，而不合理的价格则会挫伤企业的积极性。在价格激励的主体中，一般都是上游企业和优势企业，相应的客体则是那些下游企业和劣势企业。

需要注意的是，在选用价格激励的过程中，其本身隐含着一定的风险，即逆向选择的问题。制造商在挑选供应商时，如果过分强调低价格的谈判，那么他们通常就会选择那些报价较低的企业，而排除了那些整体水平较好的企业。这样的结果必然会对产品的质量和交货期等都会产生一定程度的影响。因此，在使用价格激励机制时一定要谨慎从事，不能一味坚持低价策略。

（二）订单激励

对于整体供应链来说，能够获得更多的订单将是一种极大的激励，而对于供应链内的企业来说，他们也需要更多订单的激励。在通常情况下，一个制造商都会拥有多个供应商，多个供应商竞争来自于制造商的订单，多的订单对供应商是一种激励。

（三）新产品、新技术开发激励

新产品、新技术的共同开发和共同投资对企业来说也是一种重要的激励模式，它可以让供应商全面掌握新产品的开发信息，从而有利于新技术在供应链企业中的推广和开拓供应商的市场。

对于那些供应量管理实施良好的企业来说，它们可以将供应商、经销商甚至用户都集中到产品的研究开发工作之中，然后按照团队的工作方式（team work）来展开下面的工作。在这种环境下，合作企业也就成了整个产品开发中的一个重要组成部分，其最终的成败不仅会影响到制造商，而且也会影响到供应商和经销商。因此，所有的成员都会对产品的开发工作格外关心，这在无形之中就形成了一种激励机制，从而对供应链中的企业产生了激励作用。

（四）信息激励

当前我们处于信息时代，而信息对企业就意味着生存。如果企业可以掌握更多的信息，那么其就有可能拥有更多的发展机会和资源，从而获得激励。虽然信息对供应链的激励是一种间接的激励模式，但是其产生的激励作用却不容小觑。如果企业可以及时地得到合作企业的需求信息，那么企业就可以尽快、主动地为其提供最优质的服务，这样就会大大提高合作方的满意度，这对合作方对企业建立起信任是十分重要的。因此，企业在信息不断更新的情况下，一定要时刻保持对了解信息的欲望，要更加关注合作双方的运行状况，不断探求解决新问题的方法，这样这可以起到对供应链企业激励的作用。

信息激励机制的提出，在一定程度上克服了由于信息不对称而使供应链中的企业相互猜忌的弊端，从而也避免了由此带来的风险。

（五）淘汰激励

为了保证供应链的整体竞争力始终都保持在一个较高的水平，因此供应链必须要在各成员企业之间建立淘汰机制。实际上，供应链自身也面临着淘汰。淘汰弱者是市场运行的一个基本规律，保持建立淘汰机制对企业或供应链都是一种激励。

对于那些竞争实力较强的企业或是供应链而言，淘汰弱者就让其获得更为优秀的业绩；而对于业绩较差的企业或供应链而言，为了避免淘汰，就需要做出更多的努力来提高自身的实力。淘汰激励是在供应链系统内形成的一种危机激励机制，其会让所有的企业都感受到一种危机感。这样，企业就可以在供应链管理体系中获得群体优势的同时还发展了自身，企业同时也要承担一定的责任和义务，对自己承担的供货义务，从成本、质量、交货期等都负有全方位的责任。

（六）组织激励

在供应链环境良好的情况下，其中各企业之间的合作也会很愉快，供应链运作保持通畅，很少会发生争执的情况。这也就是说，一个良好组织的供应链对供应链及供应链内的企业都是一种激励。减少供应商的数量，并与主要的供应商和经销商保持长期稳定的合作关系是制造商采取组织激励的主要措施。一些企业对待供应商与经销商的态度忽冷忽热，零部件供过于求和供不应求时对经销商的态度完全不同：产品供不应求时往往对经销商态度过于傲慢，而在供过于求时又总是企图将损失转嫁给经销商，因此不能与供应商和经销商之间建立长期的信任和合作关系。这种现象产生的根本原因是，在企业高级管理者的头脑中并没有建立起与供应商、经销商长期的战略合作的意识，管理者追求的只是短期的效益，而忽略了长远的发展。如果不能从组织上保证供应链管理系统的运行环境，那么供应链的绩效必然也会受到不利的影响。

（七）商誉激励

商誉是企业的无形资产，对企业来说极为重要。商誉来自于供应链内其他企业的评价和在公众中的声誉，可以反映出一个企业的社会地位（包括经济地位、政治地位和文化地位）。委托——代理理论认为：在激烈的市场竞争中，代理人的代理量（决定其收入）决定于其过去的代理质量与合作水平。从长期来看，代理人必须要对自己的行为承担全部的责任。因此，即使没有显性激励合同，代理人也要积极地努力工作，这样有助于提高自身在代理人市场上的声誉，从而使未来的收入增加。

供应链管理的建立在很大程度上依赖于核心企业对供应商、制造商、经销商的重组。同样的，供应链激励机制的建立和发挥作用也有赖于核心企业制定措施、确定指标、检查考核。这是因为，供应链企业之间的价格、订单、新产品和新技术开发都有赖于核心企业的协调；淘汰制度的制定和执行只有核心企业才能实行；而商业信誉的激励也只有在核心企业在形成强有力的市场竞争力和广泛的知名度之才能对供应量中的其他企业产生激励作用。因此，核心企业的管理水平才是决定供应链管理水平高低的关键因素。

参 考 文 献

[1] 沈祖志．物流系统分析与设计．北京：高等教育出版社，2005．
[2] 贺东风．物流系统规划与设计．北京：中国物资出版社，2006．
[3] 刘莉，徐玲玲．物流运输与组织管理．北京：化学工业出版社，2009．
[4] 姬中英．物流运输业务管理．北京：科学出版社，2006．
[5] 江少文．运输实务与管理．上海：上海交通大学出版社，2009．
[6] 周跃进，陈国华．物流网络规划．北京：清华大学出版社，2008．
[7] 兰洪杰．物流战略管理．北京：清华大学出版社，2006．
[8] 施国洪，赵林度，李严锋．物流系统规划与设计．重庆：重庆大学出版社，2009．
[9] 毛海军，张永．物流系统规划与设计．南京：东南大学出版社，2009．
[10] 尤建新，朱岩梅，张艳霞．物流系统规划与设计．北京：清华大学出版社，2009．
[11] 方景芳．现代物流系统分析与设计．北京：机械工业出版社，2009．
[12] 张志勇，徐广姝，张耀荔．物流系统运作管理．北京：清华大学出版社，2009．
[13] 何明珂．物流系统论．北京：中国审计出版社，2001．
[14] 齐二石．物流工程．天津：天津大学出版社，2001．
[15] 李云清．物流系统规划．上海：同济大学出版社，2004．
[16] 薛明德．物流系统规划与设计．北京：企业管理出版社，2004．
[17] 颜佑启．物流系统规划[M]．长沙：湖南大学出版社，2004．
[18] 方仲民．物流系统规划与设计．北京：机械工业出版社，2003．
[19] 泰明森．物流作业优化方法．北京：中国物资出版社，2003．
[20] 泰明森，言木．物流决策分析技术．北京：中国物资出版社，2003．
[21] 丁立言，张铎．物流系统工程．北京：清华大学出版社，2000．
[22] 陈秋双，等．现代物流系统概论．北京：中国水利水电出版社，2005．
[23] 李云清．物流系统规划．上海：同济大学出版社，2004．
[24] 梁军，赵勇．系统工程导论．北京：化学工业出版社，2005．

[25] 龙江，朱海燕．城市物流系统规划与建设．北京：中国物资出版社，2004.
[26] 方仲民．物流系统规划与设计．北京：机械工业出版社，2003.
[27] 齐欢，王小平．系统建模与仿真．北京：清华大学出版社，2004.
[28] 隽志才，孙宝凤．物流系统仿真．北京：电子工业出版社，2007.
[29] 张晓萍，石伟，刘玉坤．物流系统仿真．北京：清华大学出版社，2008.
[29] 刘昌祺．物流配送中心设计．北京：机械工业出版社，2002.
[30] 商红岩，宁宣熙．第三方物流企业绩效评价研究[J]．中国储运，2005.
[31] 周金宏，汪定伟．分布式多工厂、多分销商的供应链生产计划模型[J]．信息与控制，2001，30：169-172.
[32] 马歇尔 · L．费舍尔．什么是适合于你的产品的供应链？[J]．哈佛商业评论，1997（3）.
[33] 焦叔斌．标杆超越-绩效改进的有力武器[J]．中国标准化，2000（9）.
[34] 戴维 · 泰勒．全球物流与供应链管理案例．胡克，程亮，译．北京：中信出版社，2003.
[35] 唐纳德 · J · 鲍尔索克斯．物流管理：供应链过程的一体化．林国龙，等，译．北京：机械工业出版社，2001.
[36] 乔治 · 斯坦纳．战略规划．李先柏，译．北京：华夏出版社，2001.
[37] 欧文 · 拉兹洛．系统、结构和经验．李创同，译．上海：上海译文出版社，1987.
[38] 约翰 · 盖特纳．战略供应链联盟：供应链管理中的最佳实践．北京：经济管理出版社，2003.
[39] 罗纳德 · H · 巴罗．企业物流管理：供应链的规划、组织和控制．王晓东，等，译．北京：机械工业出版社，2002.
[40] （美）Sunil Chopra，Peter Meindl．供应链管理：战略、规划与运作．北京：清华大学出版社．2001.
[41] James P. . stock and Douglas M．*Lambert：strategic Logiscs Management*．4ed．New York：McGraw Hill，2001.
[42] James c．Johnson，et a1．*Contemporary Logistics*．7ed．New Jersy：Prentice Hall，2004.

[43] Slmchi-Levl, *Designing and Managing the supply chain*. New York: McGraw-Hill, 2003.

[44] Eddie, W. L. , Cheng, Heng Li, Peter E. D. Love&Zarhir Irani,. A e-business model support supply chain activities in construction [J]. Logistics Information Management. 2001, 14 (1/2), 68-77.

[45] Lee, H. L. , &Billington, C. The evolution of supply chain management models and practices at Hewlett-Packard[J]. INTERFACES, 1995, 25 (5), 42-63.